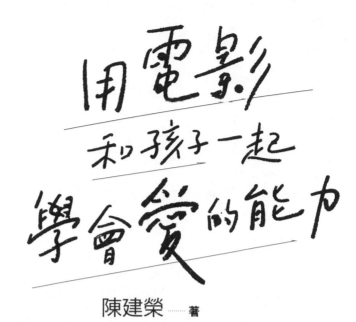

用電影和孩子一起學會愛的能力

陳建榮 ⋯⋯ 著

自我認同、情感復原、身體界線
學會愛人也保有自我

目錄

CH1　自愛——學會自我認同，尊重彼此差異

用電影做為溝通渠道
即時回應孩子的情感需求

富邦文教基金會總幹事　冷彬

　　熟悉陳建榮老師的朋友，一定都很習慣他在言談中，總是會出現「就像某某電影裡……」的句型，信手拈來，就是精準比喻的電影角色，或是精采描繪的電影場景。向電影人物學習、從電影中扣問生命課題，一直是建榮老師自己生活的實踐，任何人都會被他謙虛寬容、體貼共感的善良所照顧，也會為他的敏銳思考與積極行動所感動。

　　但我最敬佩的，是身為老師的他可以把自己對電影的熱情，結合豐富教育經驗與專業，轉譯到課堂上的學習，帶領學生開啟一段段感受與思辨的旅程。親身參與過建榮老師課程現場的人，一定印象深刻！在他的帶領下，孩子可以熱烈討論回應，並且進行多層次的深度思考。

　　富邦文教基金會從事影像教育計畫逾十年，我們一再實驗與印證，透過多元且優質的影片，可以為學生提供媒體素養到藝術美學的示範，進行從社會人我到國際議題的探究。電影做為藝術的整合媒材，透過聲音與影像的複雜組合，學生在身歷其境的感官體驗中，往往更能窺見社會現實、

更具體感受他者的處境與悲喜，進而啟發自身以外、從小社會（也許家庭、學校）到大社會（社會、國家與國際等）的探問，培養獨立思考的主動性，以及設身處地的同理心。

多年來我在無數課程現場穿梭，當上述學生的各種能力在課堂上迸發激盪時，總讓人覺得振奮。特別是現在的學生世代都是數位原生，他們在影像中可以捕捉及解讀的資訊量，絕對是我遠遠不及的。但電影做為教育的「可能」，最終真正說服我的，還是目睹孩子如何穿越層層影像的包裝，在各種聲光中，直視自己的此時此刻。

無論電影裡敘事處理的是大議題或小人物、是大歷史或生活日常、是他國或在地，課堂中最讓人動容的，終究是學生在重重影像訊息之中照見的自己，那些純粹真誠感受的描述，往往會從電影巨大的場景中回到小小的自己，覺察關於成長的提問，或是關係裡的在意。

我想這正是建榮老師願意再次傾注心力，聚焦在情感教育的理由之一。這本書的珍貴之處，不在提供一份教學指引，而是將建榮老師長年來運用電影跟學生對話的種種經驗記錄下來，讓電影成為孩子感知情感、表達情感的渠道，也讓我們有機會可以更親近他們的無所適從，更即時回應他們的情感需求。

推薦序

用電影開啟探索愛的旅程
擁抱幸福人生

童書作家與兒童節目主持人　**劉清彥**

　　《納尼亞王國》的作者魯益師，以 60 年歲月鑄成一本論愛的經典之作《四種愛》，他在引言開宗明義指出：「愛唯有不再變成上帝，才不會再淪為魔鬼；因為愛一旦變成上帝，即淪為魔鬼。」

　　這句話非常犀利描繪出「愛」的雙面刃。一面是勢如破竹、攻無不克的強大力量，為了愛，可以上山下海，無所顧惜、奮勇向前成就一切的熱情。然而，這樣的力量一旦失控，卻也可能帶來極大的殺傷力和破壞力，造成令人悔恨的結果。

　　愛可以創造，也可以摧毀；可以圓滿，也可以破碎；可能美麗夢幻，也可能醜陋邪惡。這一切的關鍵在於，手握這把「雙面刃」寶刀的你，怎麼看待它、掌控它、使用它。

　　這是每個人都需要學會的「功夫」（能力）。魯益師在書中也強調，他從親情、友情、愛情和仁愛（超乎私情的聖愛）四個面向剖析愛的本質，幫助讀者學習認知愛、理解愛、體會愛，進而學會付出愛。

如果說魯益師的《四種愛》是一本愛的總綱，那麼建榮老師這本《用電影和孩子一起學會愛的能力》，便是一本觸類而長、不可多得的「愛的實踐引導」。以電影為媒介，透過角色和情節的解析，在彼此分享、討論和學習單引導的沉澱思考中，一點一滴搭建愛的形貌，也一點一滴養成愛的能力。

　　他以自身的例子開啟這段探索愛的旅程，從學習自我認同、尊重差異開始為愛奠基，理解自己對愛的需求和能力，然後從理性的遠觀出發，觀察愛的各種表態，再勇敢的踏出腳步追尋自己所愛。當然，旅程中可以欣賞或沉浸在極優美的風景中，但也可能絆跌受挫，甚至遍體鱗傷。但即便愛錯了，這份錯愛依然能成為日後愛的養分，當「真愛」來臨時，有更好的能力與心態迎接並「珍惜所愛」，甚至能因此創造出更多元、更深刻，擴及面向更廣博的愛。

　　我和建榮老師曾經因為聊電影，硬是把一頓半小時就可以解決的簡單火鍋，吃成了長達三小時的法國人餐仍意猶未盡。席間最美味的盛宴，自然不是餐桌上可見的食物，而是他娓娓道述的每一個精采故事，或是源自電影，或是他與班級小孩的分享互動，或是他自己的生命經歷和體會，但最令我動容的，則是那些孩子因為受到電影啟發，為自己人生翻轉嶄新樣貌的歷程。

　　他不僅是在課堂上諄諄教授學生課業、啟迪思想和創意的老師，更是掏出真心熱情，《用電影和孩子談生命中重要的事》與《用電影和孩子一起學會愛的能力》的人生導師。多麼盼望他所做的能複製到每一個課堂，讓我們的孩子都能懂得如何去愛，擁抱自己的幸福人生。

 **推薦序**

認識愛，討論愛，看見愛

社團法人瑩光教育協會創辦人　**藍偉瑩**

　　我喜歡建榮老師這本書的主題。「愛」從古至今都是不容易的功課，也是圓滿人生重要的課題，特別是現在，這個問題變得更複雜與困難。

　　科技發展讓許多事情變得更省時、省力，也讓我們生活轉速更快，有好多資訊想掌握、有好多新知怕落後，也有好多未來的不確定。這反映到我們面對孩子的教養，有不少父母在擔憂的同時也安排孩子學習，除了加強學業和才藝、寫作業和評量，甚至還包含各種線上課程。但是和孩子互動的時間，我們安排了嗎？孩子思考與整理生活點滴的時間，我們安排了嗎？等待孩子卡關與突破的時間，我們安排了嗎？

　　這些孩子生活中愈來愈多的 Input，包含了整理好的知識與世界互動的經驗等，但若沒有感受、連結、分析、統合，就難以成為自己獨有的體會與意義，也無法與外在世界形成合宜的 Output，如此一來我們只能承認這些都是沒有教育意義的經驗了。同樣是 Input，建榮老師提供的電影與思考議題，提供可參與的路徑，讓我們與孩子共創有教育意義的經驗，特別是

需要透過體驗或同理才能形成的愛。

　　我們所稱的「無感世代」，並非沒有愛的能力，而是長期被壓抑或忽略去體驗、感受與愛有關的事情，讓他們的敏銳度與回應力降低了。部分的他們，仍有因為愛而產生的感受，只是不知道如何辨識感受的來源，更不知道如何安頓這樣的感覺；另一部分的他們，則是失去對愛的辨識，所以無法同理，不知道如何接受與付出，生命缺乏可以定錨的港灣。

　　透過電影的觀看，孩子們能發現和自己一樣的感受、好奇自己在過程中的起伏、困惑自己不熟悉的情景，並且增加自己未有的經驗。無論是上述哪一種情形，都為我們與孩子的對話創造了入口，讓我們能看見孩子，孩子也能看見自己，進而來回感受、分析與思辨，形成自己的價值信念。

　　從網路、數位到 AI，我們生存在一個很難跟緊，卻很容易和人連結的時代。在大量運用社群媒體的情形下，有人對外表焦慮、有人對社交焦慮，還有人對成就焦慮，我們可能羨慕別人，也可能在不同的群體之間懷疑真實是什麼。紛亂時代下，我們更要在愛中認識自己，在愛自己的過程中學會如何合宜的對待他人，這是安定身心的重要能力，也是人類文明與智慧存續的意義。

　　謝謝建榮老師，用一本書，讓我們陪伴孩子，更好好陪伴自己。

讓電影成為引導 3C 世代的對話橋梁

「感同身受」是一個人在覺察他人情緒後，和自己經驗有所共鳴而產生了同理。說來簡單，然而對於曾經歷疫情衝擊、在人際互動經驗失落下長大的 3C 世代，「如何帶出感動」是在教養過程和教育現場中，成人和孩子之間最難找到突破點的課題。一部適合的電影正是最好的橋梁，不管是和自己的孩子，或是教室裡的學生，大人與孩子一起欣賞電影，在同一時空經歷銀幕裡的悲喜，便有了共同的故事素材來產生連結與對話，來帶入我們想傳達給孩子的想法。建榮老師這本書，讓不想說教的父母師長有了最好的引路工具，讓我們一起學會用電影說愛的能力吧！

—— 台南市海佃國小　**沈佳霓老師（大沈）**

電影中的情感教育

人與人之間的緣分這件事真的很奇妙，當我轉任東新國小時，恰巧建榮老師借調原住民族教育資源中心，我們因此成為夥伴。輔導室辦理家庭及親職教育，邀請建榮老師擔任講座老師，以電影為媒材談情感、談情緒、談教養。這得天獨厚的福氣如何推廣與分享，還在腦海裡得不到解答，聽聞建榮老師將在親子天下出版新書，透過電影中的智慧學習情感教育，實在由衷感到高興，這麼好的事情應該多多推廣。

愛是所有問題的解答，幸福是所有人盼望的依歸。愛人、被愛、愛惜自己是 21 世紀最需要學習的課題，拜讀建榮老師大作後，原本模糊的思路

變得清晰，父母與老師可以透過電影中的人物故事，引領孩子們思考與體會，在討論與思辯中獲得力量，得以突破現實的考驗。所有人都想要幸福的人生，期望孩子們感受到愛是幸福的來源，其中的關鍵密碼就是感恩。

—— 台北市東新國小校長　**李家旭**

▍在別人故事裡活過一遍

記得建榮老師是在我國小六年級時臨危受命，接下我們班導這份既神聖又危險的任務，我想應該是因為老師是個有耐性又溫柔的人吧！（笑）

在班級中，我總喜歡為班上活動自告奮勇準備 CD、音響，想方設法讓音樂充滿生活；而音樂和電影就像一對靈魂伴侶，需要找到最棒的平衡點。

印象中我看的第一部電影是老師放映的《十月的天空》，這是改編自NASA 總工程師的真實故事。那兩個多小時我完全投入在故事裡，「追夢」和「堅持」這兩件小事深深烙印在我心裡。當時我寫了電影觀後感，還登上校刊和國語週刊。（沒錯，這是在炫耀！）

謝謝建榮老師對我的電影啟蒙，在一年裡教會我體會電影、感受電影。長大以後，我知道人生總有許多逆境需要克服，而電影反映了社會所有終極型態，好壞真假愛恨情仇，我們能從別人的故事裡，用第三者的角度陪他們活過一遍。每部電影都會說話，而本書透過建榮老師的人生經歷及電影剖析，分享給大家不同的愛。

恭喜老師用自己最喜歡和擅長的方式，一生奉獻在教育裡，很榮幸能成為您的學生。這不只是一本書，更是對電影的熱愛，就讓我們一起好好體會這份精采吧！

—— 知名歌手及藝人　**李唯楓**

一本眼光遠大的生命教育之作

本書由第一章的「自愛」到終章的「創愛」，先由珍愛自己、認清自我的獨特、尊重他者之不同，進而到「尋愛」、「觀愛」，追求愛、理解愛、包容愛。人生不如意事十之八九，該如何面對愛的錯付與失落，不陷於偏執的「忘愛」、「錯愛」？「問世間，情是何物？」所尋所問正是「真愛」。愛之極致，仁民愛物，捨生忘死，善盡生命，即「創愛」一章的旨要，「我生有涯願無盡，心期填海力移山」，即人生的圓融美滿。

本書是「情動於中而形於言」的佳構，所選電影並非全屬潮流之作，別有建榮老師的用心。楊紫瓊奧斯卡封后之作《媽的多重宇宙》，在天馬行空中，著墨於東方傳統家庭的種種；新海誠的《鈴芽之旅》，以日本災難為綱領，探問人與自然等議題，眼光遠大、氣魄恢宏。非有能者不能為之，非有心人不能成之。

本書亦非「紙上談兵」，而是「運籌帷幄」。每部電影先有簡介，繼而指出亮點，俾讀者宏觀概覽，進而點出角色特質及其中所含意蘊。在層層細緻的提問中，引領讀者思考故事人物的選擇取捨，以至於反思個人生命的取向。書中延伸片單和另附的學習單手冊，都是具體、方便使用的工具。如此用心的作品，豈能錯過？

—— 香港教育大學博士及資深生命教育工作者 **李漢泉**

電影，孩子最好的先知教育

電影，總是以各種角度、觀點、性格、感受，去飾演精采的人生。

對老一輩的人而言，電影反映的是人生，但對於大部分人，尤其年紀愈小的孩子而言，電影根本就是一部全方位「先知」教育，將各種人生百態，以不同角度、不同性格的人物展演出可能的面貌，無疑是孩子人生最佳的預習典範。

一如在我的人生中，每每遇到困境時，內心總會響起電影《亂世佳人》裡，郝思嘉在結尾時說的那一段話：「明天，又是嶄新的一天。」如果我的生命有著堅毅與強韌的底韻，那肯定是那一番話帶給我的能量。

如果每部電影都有人能引導孩子，陪孩子體會各式各樣的人生，並且從中學會自己理想的生命原型，那該有多好！

陳建榮老師正是那個重要之人。2023 年底，我與魏德聖導演執導的電影《BIG》相遇，透過這部電影，我得到許多生命的能量，體會活著的可貴，進而大力推廣《BIG》，並且認為這是一部台灣影史上唯一能帶給所有年齡層深刻生命學習的好電影。在大力推廣電影《BIG》期間，我很榮幸的認識了陳建榮老師，並且被他強大的能量給深深吸引。

建榮老師對電影幾乎到了熱愛的地步，他將電影轉化為一張又一張的學習引導單，還將 42 部電影化為 215 道提問，將人生一輩子的扣問——「愛」，區分為七種面向，讓孩子透過電影能學會真正的「愛」應該具備的樣貌，讓每一個看完電影的孩子都能從中汲取深刻的人生體悟。

如果要將電影轉化為教育，我想，唯有陳建榮老師能有如此能力了，也因為有他的存在，才得以讓電影真正成為孩子生命的「先知」教育。

這本書，是以電影引導孩子的重要教育書，更是獻給在教育前端的老師及引導者最好的禮物。

—— 薩提爾教養專家 **李儀婷**

歡迎親師生一起在電影裡共讀共賞

　　將電影融入教學超過 20 年的陳建榮老師，借助電影落實情感教育，跟孩子培養愛的 7 大能力。近年來，面對社會新聞層出不窮的感情紛擾，情感教育在台灣引起諸多討論，更加凸顯培養小孩及大人「心理韌性」的重要性及急迫性，因為愛與被愛都需要練習。情感教育並非偏限於愛情，電影中人物互動，提供孩子現實借鏡及典範。此外，讓人特別深刻的是每章還有援引心理學知識，向大師學習愛，這本書相當適合親子在家庭、師生在學校一起共讀共賞。

—— 台北市家庭教育中心主任　**官月蘭**

省思電影，回到現實活出更好版本

　　自從認識建榮老師，我就從自己看電影，變成和孩子一起看電影，用電影託管兩個小時靈魂，回到現實活出更好版本。透過《可可夜總會》討論家人和夢想、愛與遺忘、生命與死亡；藉由《腦筋急轉彎》看見情緒和流動、接納和欣賞；透過《魯冰花》體驗階級和貧窮、正直和討好⋯⋯。經由觀看影片、深度提問、自我映照、多元表達、體驗活動，讓孩子變得不同。除此之外，《用電影和孩子一起學會愛的能力》更依序帶出愛的層次，對抗被偶像劇和次文化扭曲的戀愛腦，談及身體自主權、早戀早孕、網戀等議題，是愛的教育，也是生命教育，更是孩子不能錯過且重要的人生教育。誠摯推薦！

—— 閱讀推廣人、作家　**林怡辰**

「愛」是一生需要學習的功課

建榮老師《用電影和孩子一起學會愛的能力》是近來所讀難得的好書。電影演不盡人生悲、歡、離、合、愛、惡、情……精采的人生必然有愛，「愛」是人生最好的禮物，也是一種能力，是一生需要學習的功課。建榮老師將多年在教學現場與現實生活中的所見所聞，以及社會層出不窮的感情紛擾、過曝世代人際關係的不安全感等等問題進行整理，透過優質的影片以「對話」代替「說教」，以電影為媒材，與孩子們談情說愛。與孩子們交心、談心，聽聽他們的「喜歡」、談談少年維特的煩惱，陪孩子一起做人生「愛」的功課。讓我們學會愛人，也學會愛自己，以「愛」開拓人生，也以「愛」保有自我，特別推薦給您！

—— 國立台灣師範大學 原住民族語言台北學習中心 族語教師 **洪艷玉**

讓陪伴孩子的大人一起二次成長

不少父母擔心孩子談戀愛會受到傷害，不管是身體還是心理上，有些父母則擔心孩子會因戀愛而脫離生活正軌。然而，這樣的心態也是很矛盾的：如果隨著年齡增長，孩子一直不知道怎麼與異性相處，那要怎麼開始一段戀愛？怎麼面對戀愛中的自己？父母能幫孩子什麼忙？

建榮老師的這本書，就是一個很棒的好幫手。書中蒐集的電影和簡潔明瞭的解析，不但可以陪伴孩子經歷戀愛的心動與風暴，還能幫助大人小孩雙方展開自我探索。很多時候，問題並不出在孩子身上，而是大人把對自己的「不喜歡」與「不信任」，投射在孩子身上。這本書裡列舉的電影，不只幫助孩子釐清什麼是愛，如何去愛，也能讓陪伴孩子的大人二次成長。

我非常喜歡建榮老師在每一章節前寫的真實小故事，我相信，如果父

母有機會能和孩子講述這些故事，一起坐下來看場書中推薦的電影，在放鬆的狀態下，傾聽孩子對電影的看法，親子的關係會更好。當孩子感受到父母的心是寬廣的，充滿了無條件的支持與愛，他們在看待自我與戀愛時，也會有一雙更清明的眼。

　　—— 《你的孩子不是你的孩子》、《你的婚姻不是你的婚姻》編劇　**夏康真**

▎為孩子「愛的世界」打下基礎

　　建榮老師給人的熱情溫暖，反映於教學上、透露在生活中；而他對電影的喜好也如傳教士般堅定，令人折服。尤其他願意把從電影吸收而來的個人感動，透過各種方式廣泛應用在教學之中，沒有信仰難以持續。這一次建榮老師用電影談「愛的能力」，這可是許多人一生都難以參透的人生大事。電影的故事或真實或虛構，但透過情感的交流，在充滿悸動的觀影經驗後，經常影響著我們的生活，甚至帶給我們更深的思考。透過電影學「愛」，對孩子來說，無疑是為曲折難解的「愛的世界」打下最好的基礎。

　　—— 金鐘獎製作人　**陳芝安**

如果是ＸＸＸ，他一定會這麼做的

如果有一天，遇到難題，會不會有路見不平的人跳出來幫你？

我想機率很低，低到讓人絕望。

那麼應該怎麼辦？我想最好的答案是——自救。

找一個值得效法的對象，然後想一想……如果是某某某的話，他一定會這麼做的。

這可不是空口說白話，前不久就有這樣一個實例。

前不久，台中捷運發生了隨機殺人事件，有位長髮哥見義勇為，跳了出來跟歹徒周旋，臉上還因此被劃了兩刀。

事後，記者問他，哪來的勇氣？他說是動漫《葬送的芙莉蓮》給了他勇氣，因為裡面有句詞：「如果是勇者欣梅爾的話，他一定會這麼做的！」

好一個「如果是勇者欣梅爾的話，他一定會這麼做的」。

這句話實在是太帥了，不只長髮哥能用，我們每個人都能用，舉個例子。

我熱愛馬拉松比賽，總長四十二公里，連續跑上五六個小時，這可不是開玩笑的。所以每當我覺得太累，實在是撐不下去了，電影《BIG》裡的主角就會自動跳出來。

如果是源源（《BIG》裡的主角），她一定會這麼說的：「我要活下去，我會活下去。」

「因為要，所以會」，這句話總能帶給我源源不絕的活力，陪著我再撐一會兒，再一會兒，一而再，再而三，直到終點。

打開這本書，建榮老師為你準備了幾十部電影，每部電影都至少有一句咒語，「如果是ＸＸＸ，他一定會這麼做的」，只要你每天練習，它們一定能為你解決人生的大小難題！

—— 華語首席故事教練 **許榮哲**

電影連結我們的真實生活與情感

很開心台灣可以有引導教育式的電影書籍，讓孩子從電影認識世界，從角色、劇情建立思考能力。

小時候我是從童話故事書，理解世界與人。

長大後電影變成我傳達故事最鍾愛的表達方式。

從普世的故事，認識我進入我的宇宙，而有了連結。

《用電影和孩子一起學會愛的能力》這本書，透過不同的電影角色與故事，引導我們理解愛、人際關係跟認同，讓電影連結觀眾的真實生活與情感，也許一部電影就可以改變你的人生！

—— 電影導演編劇　**陳潔瑤 Laha Mebow**

學會看電影的孩子，心中有愛

以前說：「學音樂的孩子，不會變壞。」

現在要說：「學會看電影的孩子，心中有愛。」

當今正是情感教育比什麼都重要的時代，而不論是大人小孩，男女老幼，其實都需要學會愛，愛自己，愛別人，愛這個世界，愛這顆地球。

建榮老師的新著適時出版，正好提供非常完美的引導方向。

這本書不該只是給孩子看的，其實每一個大人都該看，因為我們的心中都有一個還沒有長大的孩子。

在這本書裡，建榮老師不講大道理，他只是在旁邊等著大小朋友及讀者們看完一部部影片之後，再來帶我們回顧影片裡面提到各種愛的道理。它可能是親子之間的愛、朋友之間的愛、同學之間的愛、伴侶之間的愛，甚至是性愛。是的，在這個網路世界裡，孩子們早就超齡知道這些事情了。

學會愛，要學會做功課。建榮老師在這本書裡，給了我們七個功課，從「自愛」、「尋愛」、「觀愛」……要一路走到「創愛」。也就是先從自我認同開始，到最後能夠為這個世界創造更多的溫暖與幸福。

　　張艾嘉在〈愛的代價〉裡，是這麼唱：「走吧 走吧／人總要學著自己長大／走吧 走吧／人生難免經歷苦痛掙扎」

　　不過，我們這些《用電影和孩子一起學會愛的能力》的讀者是幸運的，也是幸福的。有建榮老師的陪伴，相信這條愛的道路會走得平順一點。祝福你。

── 國立政治大學廣電系教授　陳儒修

AI 無法取代的情感力量

　　AI 可以取代許多事情，卻無法取代你與孩子之間的親密距離。建榮老師是一位心思細膩的老師，跟他一起看電影時，我們常常會發現他能覺察到許多老師未曾注意到的細節，或許，這正是電影帶給他的深刻洞察力。隨著孩子漸漸長大，擁有了自己的手機，儘管我們生活在同一個屋簷下，彼此的互動和交流卻變得愈來愈少。

　　因此，真心推薦所有家長們，與我一起打開這本書，帶著孩子一起看書中的電影，讓欣賞電影成為美好的親子時光，這不僅促進親子之間的交流，還能幫助孩子在未來的數位時代中，擁有無可取代的豐富情感和深厚素養。回憶的皺褶，填滿的是親情與愛。

── 台北市忠孝國小教師會會長　曾予婕

為自己走一趟「愛」的旅程

在看著這本書的同時，也彷彿走進與建榮老師結識的這些歲月……

建榮老師從大學時代就積極投入將電影融入教學的理想之中，我還記得因為他的號召，許多喜歡電影的朋友共同完成了兩本相關著作……往事歷歷在目，都是多美好的回憶啊！

而這本書的完成，看得出建榮老師花了非常大的心血，以「愛」為核心，進而發展出「自愛」、「尋愛」、「觀愛」、「望（忘）愛」、「錯愛」、「珍（真）愛」、到最後的「創愛」，著實把人世間最為難解的「愛」盡含括於書中了。而在電影片單的挑選上，更是處處見其用心，身為閱讀人的我，不禁也在他文字中進入電影場景裡，深思著自己又是如何看待這人世間種種的「愛」？在閱讀過程中，也把自己的生命從頭走了一遭。

人間最美是「愛」。電影裡的故事讓我們可以藉由鏡頭的流轉，讓愛的真諦在心中滋長。這是一本好書，值得社會大眾共讀，不管你是否是為人父母、為人師長，或單純自己生活著，就讓我們為自己走一趟「愛」的旅程。

願你在電影裡更懂得愛。

—— 國立高雄師範大學 諮商心理與復健諮商研究所教授　**黃傳永**

培養孩子從小學會愛的七大能力

認識建榮是幾年前我還在擔任台北市教師會理事長的事。記得那時有朋友帶他來辦公室拜訪我，我當時只知道他是一位用電影賞析教學的大師級老師，後來聊著聊著，才知道我們有共同的朋友——前春暉影業陳俊榮董事長，才了解建榮為何與一般老師那麼不一樣！

以學生為學習主體，是現今的顯學。本書透過欣賞電影來引起學生的學習動機，進而提升其學習興趣；而情感教育更是最近社會大眾關注的議題。書中介紹了培養孩子從小學會愛的七大能力——自我認同、情感復原、身體界線、網路交流等，從認識自己、跟自我對話，進而與他人情感互動、掌握身體界線等，都是學生成長過程需面對的重要議題。

誠摯推薦這本好書。期盼能以這本書愛的力量，帶動社會善的循環，讓社會多一點溫暖與溫度！

—— 台北市教師會前理事長　**葉青芪**

▌真誠面對感情中的不能承受之重

讀建榮老師的新書《用電影和孩子一起學會愛的能力》，讓我聯想起已逝的捷克文豪米蘭·昆德拉著名小說《生命中不能承受之輕》，而這部小說也於 1988 年改編成電影《布拉格的春天》。

昆德拉用一個愛情故事來詮釋生命中的輕與重，以及人們對情感的掙扎和探索，那些看似如羽毛輕飄飄的感情，其實是我們最不能承受之重。

一如建榮老師在書中提及，當代孩子的人際互動已經從真實世界轉移到網路上。雖然人際互動的媒介改變，但是孩子對於愛的渴求卻沒有改變過，這些正在學習「情感識讀」的孩子，卻因為網路世界逐漸對情感認識「淺碟化」。

然而，身為家長的我，每每想到要與孩子談論感情議題時，總有點不知所措。而建榮老師的新書就像一道曙光。

在《用電影和孩子一起學會愛的能力》裡，挑選了涵蓋不同情感主題和情境的電影，不僅有不同的文化觀點，甚至有跨越性別議題。結構嚴謹

的描述每部電影的內容、亮點、觀影後互動提問的議題，以及學習單的設計，都提供實際的方法，幫助家長通過電影中的角色和情節，引導孩子思考和討論情感問題。但其實，書中最令我動容的，是建榮老師的個人生命經驗引言。

我想若能將這本書的內容運用於教學或是親子教養中，不論是孩子、教師或家長，未來面臨到感情中的不能承受之重，也能更輕盈的面對了吧！

—— 童書譯者　**碧安朵**

▌動物是生命教育最棒的教材

建榮老師的《用電影和孩子一起學會愛的能力》一書，集結他多年任教的功力，以及對人性的觀察與體貼。透過 112 部電影，分為 7 大主題，24 份學習單，引人入勝，幽默有趣。讀這本書也像閱讀一部人生電影，在認識自己、同理他人後，進而能夠分享愛給這個世界。這本書中的推薦電影也有幾部與動物相關，像是《我的大猩猩媽媽》、《我的神祕狼朋友》等，動物素材也是生命教育最棒的教材，真心推薦給想與孩子一起認識愛、體驗愛的師長們！

—— 台北市立動物園園長　**諶亦聰**

陪孩子練習包容一整個世界

我一直相信看電影不是只有娛樂而已，因為我自己從看電影的過程裡得到太多，甚至在自己所拍攝的電影裡⋯⋯

我自己的孩子，在他還看不懂幾個中文字的時候，我就帶他進戲院看三個小時的印度片，他一樣安靜專心看到完。不要自以為是的認為，孩子們太小看不懂，他們甚至能夠看到大人們被現實所蒙蔽的部分⋯⋯孩子們強大的感受力，像海綿一樣，從電影裡吸收了同理心、吸收了愛、吸收了戰鬥力、吸收了包容、吸收了憐憫⋯⋯

在這個被快資訊、快影音混亂思考的時代裡，特別謝謝建榮老師，藉由如此精采的文字，陪著孩子們好好選擇一部電影，一起吸收純淨的人文、親情、友情、愛情，一起練習包容一整個世界！更謝謝建榮老師用心編寫的觀後學習單，以豐富多元的視角，一步步帶著大朋友與小朋友，從電影裡面一起學習生、活。

—— 知名導演編劇　**魏德聖**

 自序

幸運的人用童年治癒一生
不幸的人用一生治癒童年

　　自序的標題「幸運的人用童年治癒一生，不幸的人用一生治癒童年」是心理學大師阿爾弗雷德・阿德勒（Alfred Adler）的名言，看似聳動嚇人的映襯句，實為我教學現場多年的感想寫照。原生家庭是每個人的生命起源，親子關係對我們有一輩子的深遠影響，在這第一個「情感互動」的場域，著實形塑我們成為什麼樣的人。因為……

　　愛己、愛人、被愛，愛是活著一輩子的功課。

　　親情、友情、愛情，珍愛是值得珍惜的感情。

　　愛是人類的本能，對愛的渴望是基本需求，連大人都不見得能夠參透的情感課題，該如何和孩子一起建構幸福的家庭小宇宙？如何讓孩子擁有比成就、才氣、金錢更富有的情感存摺？

　　我們在電影中找到了多元開放的答案、發現了珍貴的情感價值，這本書中涵蓋愛的七大內涵，情感教育並非侷限於愛情，還包含自我認同、情感復原、身體自主權等。因此規劃「自愛、尋愛、觀愛、望愛、錯愛、珍愛、

創愛」，透過和電影的心流共振，由己到人、由小愛到大愛，活出愛的寬廣。

藉由精選的優質電影一起向角色學習，說明影片的亮點，設計引導式提問，與孩子交流互換心得，結合討論賞析和體驗省思，讓電影的內涵潛移默化成自身的生命哲學。另有學習單別冊，做為觀影後的延伸思考，打破以往的設計模式，從電影故事及心理學連結自身情感經驗，內化情感教育的精神。

每章前言皆有我多年來，在教學現場與孩子相處的感動印記，以及如何直球面對青春期等情感問題，讓孩子願意敞開心扉談「情」說「愛」。同時，也援引心理學知識，向大師學習愛，並增加情感互動的方法論述，讓大人與孩子皆能懂心理，進而懂己、懂人、懂人生。明白愛沒有對錯與標準，而是需要創造與珍惜！

書中的選片原則以多樣化、多類型的方式做挑選，依照電影內容的複雜度及適合的年齡層依序排列，從國小低、中年級，至高中、大學的孩子，皆能覓得合宜的影片。建議依照電影分級來觀賞，部分只有在串流平台上線的作品，則統一以台灣的電影分級制度為原則。每章最後的延伸片單中，少數電影因其議題或畫面較適合大人欣賞。

人生本是充滿悲歡離合、酸甜苦辣，希望我們皆能在電影中看見自己「內在的小孩」，進而在尋找想望的過程中、在得到與失去之間，建立自我認同，看見更多元愛的面向與可能，明白生命意義與存在價值。

這本新作《用電影和孩子一起學會愛的能力》從構思至完成超過三年，萬分感激親子天下團隊的用力堅持。深深感謝各界先進，在百忙之中給予推薦，讀著這些隻字片語，使我深受感動，回首來時路，不禁眼眶泛紅。

還有富邦文教基金會的超強夥伴、兒少節目的製作團隊、公視及兒影的用心同仁，一直給我許多不同的學習機會，開發出不同的潛能。

當然還有忠孝國小親師生的鼓勵、教師會夥伴的應援、原教中心同事的加持、東新國小師長的打氣、族語老師的大力支持，以及教育圈、影視圈師長朋友的指導，讓建榮得以在台北的教師生涯開出更多不同樣貌的花朵。特別致謝林芳如校長，讓「忠孝哈電影 SMILE」發展成結構完整的特色課程，您對教育的貢獻留下滿滿的芳香，永遠流傳在我們心中。

「念念不忘，必有迴響」不同人生階段的摯友，我們的情誼就像一部部的經典電影，愈陳愈香愈令人回味。

「有燈，就有人」感謝親密愛人多年來攜手幸福同行、愛子青春豆的撫慰，以及台南親友的扶持和支援，願逝者安息主懷、生者獲得療癒，讓家族的愛生生不息。

特別在這個難熬的時刻，一邊寫序、一邊流淚，因為有爸爸的諒解、姊姊的堅毅、哥哥的同理，給我足夠的愛與自由，讓我能勇敢的做自己。相信有我們同心的陪伴、神的慈愛恩典，會克服種種難關，安然度過幽谷的試煉，迎向屬靈的溫暖陽光。

最後，謹以此書，獻給在天上美麗的大姊和摯愛的母親……

 前言

學會「愛人」
同時保有「自我」

　　這本書是《用電影和孩子談生命中重要的事》的二部曲，重點聚焦在「愛的能力」，也就是用電影來談「情感教育」。上一本書得到很多讀者的反饋，有人原以為那只是一本電影融入教學的工具書，讀後卻深深被書中我與孩子相處的點滴故事所打動。其實教書 20 幾年來，印記的事多如繁星，無法一一道盡，我只能擷取閃爍的片刻記錄分享。

　　情感教育最近幾年在台灣社會引起很大討論，不只情感不順遂的社會新聞層出不窮，2023 年又陸續爆發「Me too」事件，帶來毀滅與傷害，連帶波及無數家庭跟著破碎，讓人意識到情感教育刻不容緩。

　　情感教育不只是兩個人談情說愛如此狹隘，更包含彼此情感交流過程中自我認同、愛的發聲、身體自主權，甚至是放手等課題。

　　時下孩子的人際互動大量轉移至網路，健全的情感教育不但能強化他們的心理韌性，更能減少缺乏實體情感連結的孤單感，並且發展出正向與他人互動的行為模式，這也是目前在教育界所強調的「社會情緒學習」（SEL,

Social Emotional Learning）。

同時，孩子也有認識情感關係的必要。當我跟國小學童分享戀愛話題，學生一面搗嘴驚呼「噁心」，同時又睜大眼睛想要知道更多；一些早熟的孩子，甚至中年級就萌發愛苗，並且發展出「情侶」關係。這些都讓我覺得情感教育必須從小開始，藉由師長及家長的帶領，與孩子一起討論、釐清價值觀與態度，才不會讓孩子因為一開始的認知錯誤，而出現行為差池。

比起成人苦口婆心的說教，電影無疑是情感教育信手拈來的好工具、好導師，既能引發孩子學習的興趣，劇中角色與事件也是開啟討論話題的素材，還能引導孩子關注身邊類似劇中人的親友。倘若自己遇上了同樣問題，在電影類比經驗下也可思考並尋找解決問題的方向，從中獲得力量。

▍一段宛如電影般苦澀的愛情故事

在每一段情感關係中，雖有甜蜜的時刻，但也包含痛苦的教訓，面對情感，就是面對真實的自己。在教學工作現場，只要是我帶到六年級的學生，必定都會和他們分享自己大姊的故事：

我從小家境稱不上小康，父母又生養 4 個兒女，每到月底總是捉襟見肘。大姊是家中最大的孩子，與排行最小的我整整相差 10 歲之多。在我國小的時候，她就已開始上班工作了，賺的錢絕大部分都拿回來貼補家用。

她長得很漂亮，像極了當時的明星楊林，追求者眾。每年大姊的生日我都好興奮，期待她下班回家後黏在她身邊，看看今年收到多少禮物。當她一一把禮物打開，拿走幾樣自己最喜歡的東西後，其餘的便雨露均霑到

我們弟妹身上。

　　大姊的愛情故事就像一部通俗電影，是那種你愛我、我愛他，他又愛另一個她的類型。然而，眾追求者都沒能得到她的青睞，大姊最後跟一位她暗戀的帥學長交往。

　　在我國二的某一天大姊住院了，直到我上大學後才知道，原來當時她一時想不開喝了農藥，所幸被朋友及時發現送醫。命是救回來了，但大姊卻愈來愈消瘦，因為農藥已經損傷她的消化系統。

　　仰藥的原因，就是她與學長的感情觸礁，在兩個人發生關係後，對方開始與她保持距離，大姊在想不透也不知如何排解的痛苦下，做出傻事。

　　之後兩人決定結婚，當時爸媽並不贊成，但站在姊姊的立場，她終於嫁給自己喜歡的人。然而我們不曉得男方是否也這樣認定，或是對方擔心和大姊分手會被貼上「渣男」標籤，而失去既有的社會資產。

　　婚後的他們也有過甜蜜的時光，後來大姊也成為母親，但「賞味期」一過，姊姊就發現丈夫在外有曖昧的對象，甚至還找徵信社暗中調查。同時我們也才知道，姊夫在情緒激動時會對大姊暴力相向。

　　最後兩人情感破裂並協議離婚，大姊暫時搬回娘家，但不到一個星期就心軟想回頭。我記得在她回去前曾被媽媽責備：「沒有男人會死嗎？」選擇原諒對方的大姊，與姊夫齊力經營嬰童用品店，的確過了一段沒有家暴，且生活與經濟都平穩的日子。

　　但就在大姊生下第三個孩子後，驚然發現罹患乳癌。由於母親當時也飽受癌症所苦，大姊深怕媽媽為她煩惱擔憂，一直瞞著自己的病情，因此在媽媽整個化療過程中都不曾回來探視。「女兒嫁出去，真是像潑出去的

水，都不回來看我！」聽著母親的悲痛，我們的心裡更覺得心酸和不捨……

大姊因為擔心丈夫不愛她，一直不願意進行乳房切除手術，甚至還相信偏方來到台北。當時大學的我還曾陪她一起前往別人介紹的中藥行看病，同時尋找名醫並接受民俗療法，但這些非正式的治療完全無效。

就在我大四的某天清晨，半夢半醒之間突然接到哥哥的來電，告知大姊快撐不住了。我放下學生會的事務，急忙趕回台南奔赴醫院，看著眼前瘦成皮包骨的姊姊，全身已疼痛到無法平躺，只能裹著身軀，苦苦的哀求主治醫師讓她安樂死。此時男方卻以醫院晦氣為由，不樂意小孩前來探望，而姊夫也以各種理由不常來照顧，期間都是母親挨著癌症的病痛，來陪伴女兒生命的最後時光。諷刺的是，從前喜歡過姊姊的男同學卻不時的前來探望，讓醫院誤以為他才是姊夫。

辦完大姊的告別式，我們家與姊夫家從此鮮少往來。大姊雖然書讀得普普通通，但她個性溫柔婉約、文筆優美細膩，投稿報章雜誌的文章總會被刊登，她時常在日記裡吐露心情，還把自己的日記本命名為「雲河」。我看過追求者在家附近等她，也曾瞥見男生騎機車載她到巷口把她放下，這些都是刻意不讓爸媽知道的事情。有一位我們都認識的鄰居哥哥也很喜歡大姊，「如果大姊跟他交往就好了。」我們時常這樣想著。但是，緣分總是陰錯陽差、事與願違。

我苦口婆心的跟學生分享大姊的故事，希望告訴這些進入青春期的孩子，尤其是女生，在進入一段愛情前，先思考投入的情感與時間能否如願以償得到反饋？確定了解對方的為人？感情值得奉獻自己的全部？更重要的是，在愛情裡，我們能否不卑不亢保有原來的自我？

情竇初開的年紀，電影是情感啟蒙老師

道理誰都懂，等到自己面對時才知個中苦痛。國中時，我和朋友同時喜歡上某位同學，當我發現對方並不喜歡我時，彷彿一下子掉進地獄。我不但朝思暮想念著對方，但一想到對方的心不在我身上，同時又覺得卑微難過。這僅是情竇初開的單戀，我卻發現自己對愛的渴求如此強烈。

所以在成長過程中，我一直提醒自己當年「想愛卻不被愛」的感覺，因此求學階段的我從不把感情當做是生活的重心，反而是將精神投入社團與電影。直到當了老師，遇到心動的對象，在一起兩個月後，一察覺彼此對未來的想法不契合，我便急著快刀斬亂麻。

但分手的話剛說完，我就後悔了！

在悵然所失的情況下，我因為急切想要挽回對方的心，忍不住每天奪命追魂 Call。失戀的痛苦，讓我時時刻刻想著對方，只要拿起手機，便會不由自主的猛傳簡訊，幾乎快要變成危險情人。

明明提分手的是我，結果最難過的也是我，就像是一齣自導自演的感人戲碼，但對方竟然不肯照著劇本演出。因為捨不得與不甘心，讓我每每想起就忍不住抽噎。失戀時正好是暑假，沒想到原本熱愛晒太陽的我，每天起床後竟然會對著射進室內的陽光生氣，而不用趕時間上課的日子，也讓我出現生活失序的慌張。幸好，還有好友不時相約外出看電影，避免讓我做出傻事。

後來我發現「上 KTV 飆歌」的方式對治療失戀頗為有效，於是我把自己對愛情的失落感與心聲，嘶吼在一首接一首的失戀歌曲中。雖然短暫的

戀情讓我的表現如此荒腔走板，但也因此更理解為什麼談感情需要發聲練習，以及戀人交往愈久就愈難分開的道理。

在期待下一段戀情的過程中，從網上聊天到相約見面，然後評估感覺如何、思索彼此是否適合、確定要交往或謝謝再聯絡？……在遇到對的人之前，我一直不斷重複畫著同樣的圓圈，彷彿掉入電影中的時間無限迴圈焦慮吶喊：「到底還要等多久！」是一年、兩年，還是更多年？

幸好我一直擁有電影這個心靈導師，它不斷點醒與啟發我，讓我從過去 3 年來認識或嘗試交往的對象身上，慢慢梳理出內心渴望，了解自己適合什麼對象、學習如何相處，並在情感交流過程中堅定繼續前進的信心。

在許多電影裡，「運動」是主角重啟人生都會安排的橋段。然而，瑜伽卻是將我從痛苦深淵救起的另一個「恩人」。失戀後，我開始去健身房上瑜伽課，一群上課的同學中只有我們三、四個是男生，而我又是唯二的年輕男性之一，確實需要調適性別的刻板印象。但是瑜伽女老師講話很風趣，身材體態也是一級棒，完全看不出年屆耳順年紀，因此讓人更有動力忍受「自我虐待」。

「雖然這個蹲馬步的動作看起來像是在大便，但對身體非常好，所以之後在看報紙時都要蹲得這麼難看！」不僅如此，她還教我們劈腿等伸展動作，操得大家揮汗如雨、肌肉疼痛異常，但卻讓我短暫拋去了傷痛，很慶幸自己選擇來上課被操練。

原本每分鐘我都會因為想到失戀而痛苦，後來逐漸減少為每小時只出現 3 次，我也因此有了真實的瑜伽見證：「有時肉體上的折磨，會換得心靈上的救贖。」

愛沒有對錯與標準，需要創造與珍惜

我在大姊及自己的經驗中體悟到，其實每個人對愛都充滿強烈的需求與渴望，相較之下，我只是決定「愛自己」多一點，讓人生可以持續向前。我必須讚嘆，電影真的是情感教育最堅強的師資，讓我不斷從中萃取醍醐灌頂的智慧。

我去義大利旅行時，堅持前往小山城科爾托納一遊，因為那是電影《托斯卡尼艷陽下》的拍攝地點，每天往返的火車只有一兩班。科爾托納充滿自然美麗的氣息，幾百年來建造的石頭房屋也依舊維持著原貌，讓我覺得應該用心感受當下美好，不應該累贅透過手機做紀錄。它的沉靜氛圍，總會讓我想起電影裡的情節，以及劇中所要傳達的「幸福的瓢蟲理論」^{（註）}，提醒我：下一個會更好。

來到維也納時，我也按圖索驥找到電影《愛在三部曲》第一部《愛在黎明破曉時》劇中男女主角逛的黑膠唱片行，並且前往兩人夜間同遊的樂園搭乘摩天輪。這三部耗時 20 年才完成的電影，帶領觀眾看到戀人完整愛的歷程，進而思索：真愛是什麼樣貌？一輩子的真愛有幾個？這些沒有對錯標準答案的叩問，非常適合國中以上的孩子拿來討論情感議題。

註：這部電影中，凱薩琳告訴女主角法蘭西斯：「小時候，我花了好多時間找瓢蟲，後來終於放棄躺在草地上睡著，醒來後才發身上到處都是瓢蟲。」她希望法蘭西斯「把握當下」，不要深陷離婚的悲痛之中。這段話裡的「瓢蟲」原指法蘭西斯所期盼的愛情，進一步延伸為對幸福生活各種美好事物的期待。

人類是社會性的動物，小嬰兒需要母親的擁抱及身體撫觸來增強親密感與安全感，成長時期也需要情感的依附與連結才能健全成熟。安全感愈足夠的孩子，個性愈趨溫和穩定，這也是為什麼情感教育必須從小開始的原因。但面對情感教育，大人總有難言之隱，所以更要借助電影來幫忙。

我們會在愛裡受傷 也能復原成長茁壯

母親在 11 年前過世，當時我把悲痛的情緒抒發在臉書上，許多學生看到後紛紛聚在一起，在我回家處理喪事時打電話給我。也許學生不見得能說出口撫慰我的話，但只要聽到「老師要加油」、「老師有沒有我們可以幫忙的地方」，我再也止不住的潸然淚下……

這些孩子，都是我任教期間出現過情感亂流的主角，也都是我曾想盡辦法協助解惑的學生，然而人生就是奇妙的旅程，當年我們在孩子的成長過程中，誠懇用心的陪伴他們一起走過愛的歷程，輪到自己遭遇人生傷痛時，他們也不吝惜丟下一個又一個的救生圈，讓我在面對生離死別時得到許多慰藉。

回想第一次看完魏德聖導演的暖心之作《BIG》時，時間已近午夜時分，當時的我沉浸在角色和自己的相互呼應，心中激起澎湃的感動和複雜的感觸。特別是看到劇中飾演源源媽媽的曾沛慈對著心愛女兒說：「如果妳真的很痛苦的話，就去神的身邊當個小天使，媽媽可以好好照顧自己，不要擔心。」我的眼淚就奔流不止。當年母親被醫師宣告可能要回到神的身邊時，我同樣也是依偎在媽媽的身旁淌著淚、說著同樣的話……。為什麼自

己如此私密的生命經歷，會變成電影裡的情節對白？於是，我當起《BIG》的包場主，看了近 20 次依舊深受感動，期待藉由我的包場，能讓更多親子與師生珍惜生命裡的每分每秒，一起在電影中被療癒並獲得釋放，然後帶著洗滌後的身心靈持續邁開大步繼續向前。

為什麼本書最後一章要設計為「創愛」？因為當我們學會了愛，那麼縱使受傷，也有能力在創傷中慢慢復原，並且更懂得珍惜相遇之情，進而創造更多療癒彼此的力量，把愛繼續傳遞下去⋯⋯

就如同電影《星際效應》裡的經典金句：「『愛』才是真正能穿越時空的唯一解答。」（Love is the one thing that transcends time and space.）

愛的能力 第一課

自愛

想愛人 想被愛

先要好好愛自己

肯定自己 認同自我

身處荊棘依舊綻放美麗

——自愛——
學會自我認同
尊重彼此差異

在教學現場多年，我發現孩子在學校展現的模樣，往往是反映原生家庭帶給他們的影響。有些孩子怡然自信，有些孩子則對愛與肯定的需求強烈，凸顯自我認同的重要。

在電影《醜女大翻身》中，女主角透過整形、減肥把自己改造成大美女，來贏得男主角的青睞與喜愛，希望藉由外表的肯定，來強化更多自我認同，但最後卻失去了自己。自我認同為何重要？孩子若能從小接受、肯定自我，才可以更加從容自在面對人生，在遭遇挫折、身處困境時產生療癒能量。反之，從小自我認同程度不高的孩子，容易受外在影響。

我是天生的左撇子，出生時臉上長了一小塊肉疣，父母擔心我因此被嘲弄，於是帶我到醫院請醫師電燒處理，但也因此留下疤痕。還好自己的學業成績與人際關係不錯，左撇子與疤痕對我的影響不大，但我還是可以體會被別人用異樣眼光看待的感覺。

30多歲時，媽媽陪我前往皮膚科就診，一聽到醫師說我臉上的疤痕可以割腿上的皮膚來修補，回家後還煞有其事問了我的想法。「我的特徵就是臉上有個印記，它陪伴我成長，我既不以它為榮，也不會因為它而感覺羞愧，沒有它就不像我了。」這就是我的答案。

逆境小達人教我們的事

　　但不諱言，每個人在學習自我認同的過程中，都需要一些外在的助力。小文的課業成績普通，個性善解人意、安靜乖巧，不管在家或在學校都容易被忽視。畢業前，我要學生寫一篇作文，題目是「我的家庭」。

　　「我有一個姊姊，但她不是我真正的姊姊，是我的新爸爸跟以前老婆生的孩子。姊姊跟我年紀差很多，經常不在家，爸媽感情也沒有很好，時常在吵架，有時吵一吵，刀子、盤子還會飛過來，我就是在這樣的家庭長大的。想念書寫功課時，他們都好吵，吵得我沒辦法專心，所以成績都不好。五年級讓建榮老師教後，老師會鼓勵我，所以我可以愈考愈好，我覺得自己好棒⋯⋯」

　　這是小文筆下描述的家庭。我知道她的父母靠擺攤做生意維持家計，生活過得很辛苦，可能我的原生家庭不富裕，因此對於這樣的孩子總是特別心疼。所以當我看到小文愈發努力向上，課業成績也愈來愈進步時，我就會在班上公開讚美她，希望幫助她增加信心、更加認同自己。

　　當時台北市政府教育局舉辦「3Q VERY MUCH」生命教育比賽，設置了「逆境達人獎」，我也鼓勵她投稿參加。我告訴小文，老師可以協助寫她在學校裡的努力表現事由，但私密的心情故事必須自己敘述。後來她投稿果真獲獎，我也與有榮焉。

　　之後，政府為小學應屆畢業生所設立的第二類市長獎（表現傑出市長獎），我又再次提名小文。來到最後階段投票表決時，候選學生只剩下小文與另外一位同學，而且對方的成績十分優異。於是我向其他評審講述小

文的故事，試圖溝通想法，希望大家思考第二類市長獎的設置目的，如果這個獎項仍是在鼓勵功課好的學生，那麼「第二類」的意義何在？接著，我把小文的作文讀給大家聽，雖然有人認為像是兩位老師在演講比賽，但我在誦讀過程還是忍不住眼角泛淚，現場也有其他老師感動流淚。一直很努力克服逆境的小文，最後還是得到了這個獎項。

多年後我帶學生參加電影《蜘蛛人3》的首映會。當時電影公司也找來家扶基金會合作，提供電影票讓家境困難的孩子優先觀賞，我因此在首映會巧遇小文。她對我說：「國小畢業時能夠得到第二類市長獎，對我一直是很大的鼓勵。」家扶基金會的同仁也告訴我：「小文在基金會裡是很優秀的模範姊姊。」我想這是因為小文具高度自我認同，所以能在困境中懷抱希望、力爭上游。

▎希望「被愛」，先要學會「愛自己」

「自我認同」一詞，源自美國心理學家及精神分析醫師艾瑞克森（E.H.Erikson）所提出的心理社會階段發展理論，他認為這是人類在青年時期最重要的發展任務，必須學習在心理上自主、在行為上自我肯定，未來在面對「我是誰？」、「我要往哪裡去？」等問題時，才不會迷失或徬徨。他進一步主張，解決「自我認同危機」前必須先處理以下七大發展危機：

一、如何規劃時間？

二、能否自我確認？

三、是否願意探索更多角色？

四、對於選定的職業有無更多想像？

五、能否認同自己的性別？

六、在團體中想當領導者，或是想被領導？

七、有無思辨能力？能否對自己做價值判斷？

自我認同不僅是青年時期的重要發展任務，也是成長過程中的階段性確定，會一輩子影響內在心理及外顯行為的發展。因此在討論情感教育時，我們希望別人怎麼愛我們，必須先自問有沒有這樣愛自己？

本章我選擇用動畫片來吸引中年級的孩子進入自我肯定的議題，透過不同影片類型裡的角色、性別，來討論約定成俗的刻板印象，並且強調特殊教育的重要。期待以更多元的內容，幫助孩子進入培養自我認同的重要階段。

魔法滿屋

善解人意
就是最強的超能力

魔法滿屋（Encanto）

- 類型：動畫片
- 說明：美國、2021 年、109 分鐘
- 分級：普遍級

故事內容

南美洲哥倫比亞山區小鎮的馬瑞格家族，成員大都擁有
魔法能力，除了米拉之外。米拉表面上坦然接受，內心
卻落寞不已。就在她注意到住家牆壁慢慢出現一道道裂
痕的同時，也察覺到家族裡的巨大祕密，而且與家人避
諱不談的舅舅有關。隨著牆上的裂痕愈來愈多，魔法屋
子也瀕臨倒塌，情況岌岌可危，這下她才認知到自己擁
有觀察力與同理心的魔法。這樣的特殊能力，如何在關
鍵時刻發揮強大力量？

▶ 影片的亮點

劇中以「魔法」來比喻每個人與生俱來的天賦，顛覆以往迪士尼公主的審美印象，設計了戴眼鏡、皮膚黝黑、身形微胖的女主角，讓觀眾耳目一新。同時，劇情發展也藉由歌舞帶出角色的心聲，告訴我們不要活在框架的陰影中，要肯定自我，勇敢找出自己與生俱來的天賦。

劇組深入南美洲拍攝取景，將哥倫比亞的特色與文化融入影像，創作出繽紛燦爛的魔幻世界情境。多元文化的魅力、豐富動聽的配樂，加上精湛的製作技巧，創造出這部引人入勝的作品，可以幫助家中長期被忽略的孩子找回自我存在的價值與力量。

▶ 向角色學習

米拉：長相平凡的女孩，雖然沒有魔法，但善良、熱心，擁有超乎常人的同理心。由於觀察力敏銳、生活態度正向積極，最後反而為自己創造出不凡的能力。

阿嬤：家族的支柱，個性傳統保守、要求完美，而且重男輕女，對家人嚴格要求。這些人格特質都源自於她長期以來肩負著撐起家族、保護小鎮的壓力，但也箝制了孩子的學習機會，最後導致失敗結果，直到危機發生才認知到自己的錯誤。

舅舅：擁有預言能力的魔法，被認為是觸霉頭的傢伙，因而不受歡迎。家人誤以為他離家出走，其實是躲在牆後默默的守護整個家族。直到家中

出現異象，促成他與米拉相遇的契機，進而攜手合作。有時家中沉默寡言、不甚積極的成員，在緊要關頭反而最願意為大家挺身而出。

　　爸媽：一對溫柔樂觀的父母，常常不捨、心疼米拉在家長期被忽略。媽媽憑恃自己的烹飪魔法，為他人治癒病痛。爸爸雖然平凡沒有魔法，但總是盡力安慰孩子，陪伴他們在挫折裡重新振作。

▶️ 引導式提問

Q：這個房子裡隱藏了什麼魔法？背後有什麼意義？

A：魔法屋就像是生命體，會自行移動，還有監視器檢視屋子裡的成員；既是有力的避風港，也是限制人生的詛咒。

　　可藉由中文片名的「房子」延伸問題與孩子交流：「我們家的房子有什麼魔法？」、「『House』與『Family』如何結合？」就字面意義而言，「House」是有形的建築，而「Family」則代表整個家，討論家人如何互相照應，每位成員如何發展自我。

Q：家族成員有哪些魔法？你想要什麼樣的魔法？

A：阿嬤有創造世界的魔法、阿姨可以影響天氣、舅舅能夠預知未來、姪子可以與動物對話；另外還有兩位姊姊，一個是大力士，另一個則是完美小姐。看起來每個人都好優秀，都是身懷絕技的魔法高手。

　　雖然我們沒有魔法，但一定也有與眾不同的「特異功能」。肯定自己的「好」是自我認同的第一步，了解自己的優缺點，才能好好的欣賞他人。

Q：為什麼米拉沒有「魔法」？這有什麼特殊意義？

A： 家族成員所擁有的「不同魔法」，隱喻每個人的天分及事業成就。看似米拉沒有魔法就矮人一截，但她卻很敏銳能洞察每個人心中的祕密，理解大家的悲傷、壓力及痛苦，加上愛管閒事的雞婆個性，最後幫助家人找回自己。

家中被忽視的成員，往往容易心生自卑、被邊緣化，或是不善交際。但是當米拉在魔法儀式上聽到別人的心聲後，反而願意誠實面對自己、反思內心想法。

Q：魔法家族的成員有什麼心事？我們如何抒發心中的祕密？

A： 大力士姊姊天生擁有神力，但也希望有人分擔工作，而非把重活都丟給她。花神姊姊看膩了花枝招展的花朵，反而喜歡多肉植物，不願自己成為世俗眼光中的美女。可以預知未來的舅舅，因為能看出事件的好與壞，因而明白「好與壞是一體兩面」的道理。但是當大家都負面解讀時，連帶也讓他背負原罪。

每個人都有自己的能力與光環，並且因此備受關注。但別人眼中所看到的「光芒」，是我們真正渴望的自己嗎？房子的裂縫及倒塌，表示背負的壓力已不堪負荷。我們既需要被看見，也需要被同理及安慰。

Q：我們家的成員有哪些心事？是否也有避諱不能談的禁忌？

A： 許多人以為，家裡會牽制或扯後腿的人都是手足，而且是最有影響力的那一位，因而導致卑微者表現出講話不中聽或調皮搗蛋的行為。其實這

些都是「求救」信號，仰賴大人察覺，幫助每個孩子找到合適位置，讓彼此互助和平共處。

Q：馬瑞格家族如何化解危機走出困境？帶給我們什麼樣的反思？

A：雖然多數家族成員都有魔法，但每個人也只具有單一能力，唯有凝聚眾人力量，才能化解危機。雖然最後房屋倒塌，但阿嬤也認知到自己的錯誤，直到她自我修正、捨棄偏見，終於讓家族成員凝聚向心力重新開始。父母對孩子的愛，應該是沒有條件且不求回報的付出。愛得全面、愛得平等，才能成就和諧且具向心力的家庭。

《魔法滿屋》
電影預告

米家大戰機器人

我們都是怪咖
我們拯救世界

米家大戰機器人
（The Mitchells vs. the Machines）

- 類型：動畫片
- 說明：美國、2021 年、109 分鐘
- 分級：普遍級

故事內容

熱愛拍影片的凱蒂正值青春期，她和其他孩子一樣覺得
家人無法理解自己的興趣。即將上大學前，媽媽提議爸
爸開車送女兒去學校，當做是全家人的公路旅行。沒想
到，旅途中爆發機器人反撲世界、控制人類的事件。原
本被大家視為「魯蛇」的凱蒂一家人，竟然因此成為拯
救世界的英雄。

▶ 影片的亮點

　　劇中充滿搞笑及古怪元素，是饒富黑色幽默的電影。利用 2D 與 3D 特效，結合網路短影片的素人次文化及「迷因」^(註1)，混搭公路電影^(註2)、家庭倫理與科幻等不同題材，呈現出另類影片風格，向《魔鬼終結者》等電影致敬。

　　劇情跳脫立體與平面的視覺框架，看似大雜燴的各種元素裡暗藏了編導的巧思與創意。藉由笑鬧的劇情鋪陳家人修復關係及和解的情感核心，也帶來科技發達下的諸多反思。

▶ 向角色學習

　　凱蒂：個性古怪的女孩，熱愛拍片，無論在家或在學校都是邊緣人。其實她擁有超強創意，透過網路發表影片來分享心情與想法。雖然在現實生活中不被理解，但是申請上大學後，素昧平生的同學卻早已透過影片認識她。這個角色讓觀眾明白，特立獨行的怪咖也需要被理解及欣賞。

註 1：「迷因」是指模仿人與人之間的思想、行為或風格，透過動物哏圖、音樂或短片等形式，所表現的特定現象、主題或意義等次文化，內容包羅萬象並且與生活息息相關。

註 2：「公路電影」是指劇情、題材或背景設定在公路上的電影類型。

爸爸：個性古板、熱愛 DIY，對螺絲起子異常看重，常常窩在車庫裡動手實作。他喜歡大自然，卻可以為了孩子的成長，忍痛搬離森林的老家。但孩子長大後，他卻成了小孩眼中古板、老派，連電腦都不會使用的原始人。平時大人看似可笑的叮嚀，在緊要關頭也可能是拯救世界的關鍵。

媽媽：小學低年級的老師，教職讓她懂得許多引領他人的方法，因而成為丈夫與女兒之間的潤滑劑，不時循循善誘，搭起親子之間的溝通橋梁。但只要踩到她的地雷就會瞬間大暴走，搖身一變成為超級勇猛的女打仔，擁有拯救世界的超強戰力。

亞倫：凱蒂的宅男弟弟，對恐龍有重度癡迷。兩姊弟的感情很好，是凱蒂在家最能談話的對象。

麻糬：凱蒂家的寵物狗，走路姿勢怪異，常常呼吸困難，雙眼無法對焦，雖外型不討喜，但家人都愛牠。因為長相怪異導致電腦無法辨識而發生爆炸，成為拯救世界不可或缺的一員。

Pal：人工智慧的名字，是劇中的大反派，集合幾個大科技公司的綜合體，顯示人類過度依靠科技的後果，就是讓科技變成無法控制的「怪物」。一旦被怪物綁架就會面臨生死存亡危機，點出「擁有科技就所向無敵」的迷思與危機。

螺絲起子：一種象徵，表示科技再發達，傳統技藝及手作能力也無法被取代。就算世界沒有網路，只要憑藉傳統工具及技能，依然能夠解決重要問題。

▶ 引導式提問

Q：電影中的動畫與影像十分標新立異，有什麼特色？

A：這是一部美術手繪風格強烈的作品，強調「2D 裡有 3D」、「3D 裡有 2D」的技法，表現出劇中女主角影像作品的獨特個性。

凱蒂自己創作的影片取材許多大家熟悉的網路迷因哏圖，搭配真實與虛擬的情境，巧妙混搭各種動畫媒體素材，讓整部電影表現出宛如百花齊放的創意。

Q：米家人有哪些古怪的地方？為什麼他們羨慕別人家？我們也會如此嗎？

A：米家成員各有特色，爸爸走老派路線、媽媽喜歡把自己的臉做成杯子蛋糕的圖案，弟弟則是酷愛恐龍。對比其他人在網路上吃喝玩樂及四處旅遊的貼文，更顯一家人與眾不同。但在拯救世界時他們才發現，自己羨慕的鄰居反而很羨慕他們，只是在虛擬的網路世界中，每個家庭都把難言之隱深藏起來。

Q：凱蒂與爸爸如何修復彼此的關係？我們家人之間如何和好？

A：爸爸無法適應凱蒂「超乎想像」的成長、凱蒂受不了爸爸仍用對待小孩的方式對待她，彼此之間存在著無法相互理解、覺得自己犧牲太多的矛盾。媽媽給凱蒂看以前的照片，讓她想起爸爸做給她的木頭小鹿，接著又透過觀賞家庭錄影帶想起過去的甜蜜時光。

直到爸爸被機器人關起來，他才明白原來全世界都了解女兒，只有自己

　用電影和孩子一起學會愛的能力

不能理解。凱蒂透過影片中女兒與狗警長的對話表達對父親的愛。最後彼此理解，終於修復父女關係。

Q：網路讓我們更有愛或「礙」？家中如何使用 3C 產品？有無 3C 成癮問題？

A：「科技是工具，我們要懂得使用它，而不是被它綁架。」電影中的對白提醒我們反思，生活在科技發達的今天，有沒有被手機、電玩，甚至是社交媒體所制約。電影的原文片名「Connected」，清楚表達出家人與家人、自我與他人，還有科技與人類之間的連結。

當我們使用科技產品享受便利同時，是否也失去人與人之間的關懷與交流？為什麼機器人展開大反撲？正是科技公司老闆失去人性，冷血對待機器員工的結果。電影諷刺現代人聚在一起時，大家都在滑手機的畫面。科技映照出人類喜新厭舊的劣根性，終將引發舊產品反撲。

《米家大戰機器人》
電影預告

美國女孩

成長的刺痛
將會成為生根的養分

美國女孩（American Girl）

- 類型：劇情片
- 說明：台灣、2021 年、101 分鐘
- 分級：普遍級

故事內容

2003 年 SARS 疫情期間，媽媽因為罹患乳癌，決定帶女兒從美國搬回台灣定居。過去因為移民與先生聚少離多，久未一起生活的家人重新聚首必須重新適應。大女兒原本在美國念書時表現優秀，但在台灣的填鴨教育下她卻成績落後，甚至被同學謔稱為「美國女孩」。面臨文化衝突與經濟問題雙重壓力，再加上對疾病的恐懼，讓家庭逐漸分崩離析，沒想到疫情下的困境也給了一家人解開心結的機會。

▶ 影片的亮點

　　這是美國移民二代女導演自編自導的生命故事，劇中的角色與對話全都取材自導演家的真人實事。近乎寫實的生活、人物與場景，讓觀眾產生自我投射的共鳴感。

　　在尋常家庭的生活中，看到移民失根的落差，映照出主角心中對於「我到底是誰」的認同。同時也因為家庭面臨多重壓力，交織出家人之間愛恨難解的困境。面對自己的故事，導演特別安排劇情留下許多空白與自由的空間，形成回味無窮的觀後韻味。讓此片在許多國內外重要電影獎，贏得「觀眾票選最佳影片獎」殊榮。

▶ 向角色學習

　　芳儀：家中的大女兒。從美國搬回台灣後就讀私校中學，青春期的不安與升學壓力，讓她的內心充滿憤怒。她不適應台灣教育，「媽媽死亡」的陰影又如影隨形，種種壓力都讓她想逃回美國。在電影前半段，她任性、不體貼，但是當壓力完全爆炸後終於讓人明白，青春期的孩子容易膠著在自己的困境裡，但其實都需要被傾聽與了解。

　　莉莉：罹患乳癌的媽媽，曾是赴美讀書的優秀女性。因為想給孩子最好的一切而舉家移民，直到生病後才重返台灣。面對家中經濟拮据、疾病威脅、夫妻想法不一致，小孩又叛逆等多重壓力，她在夾縫中生存，既要當賢妻良母，又要努力為家撐起一切。

爸爸：傳統的台灣父親，認為只要賺錢養家，就已盡到男人的責任。對外是獨當一面的硬漢，但脆弱時卻只能躲在公寓的樓梯間暴哭。表面上好像一直在逃避家中的問題，直到發現女兒參加比賽的演講稿後，才明白美國對女兒的意義，於是他承諾就算拚死拚活的工作，也要努力讓女兒再回美國。

芳安：芳儀的妹妹，受寵又會撒嬌，懂得用柔軟的方式達到目的，獲得自己想要的東西，像是姊姊的另一面鏡子。她對姊姊說：「妳為什麼要對媽媽這麼嚴格、這麼壞？為什麼看不到媽媽辛苦的地方？」後來她 SARS 染疫住院，切身經歷過與媽媽同樣在死亡邊緣掙扎的過程，終於讓姊妹關係變得更加緊密。

同學與老師：透過芳儀與這些角色的對話，達到指點迷津的作用。例如：「妳為什麼這麼恨媽媽？」、「我覺得她可以做得更好。」、「妳有沒有想過，她可能已經做到最好了。」青春期的芳儀對家人總是過度要求，媽媽就算盡全力也無法讓她滿意。班導師察覺到她的不適應，以及對媽媽的敵意，故意安排她參加演講比賽，藉由準備演講稿的過程，審視自己看待家人的立場，讓她能覺察家人的付出和給予。

▶ 引導式提問

Q：片名「美國女孩」是指哪些角色？有什麼特殊意涵？

A：無疑，芳儀就是這個「美國女孩」。但是進一步仔細觀察，其實媽媽與妹妹也都是美國女孩，只是母女三人表現出大不相同的自我。

用電影和孩子一起學會愛的能力

「美國女孩」所代表的意義是，在異鄉生活的文化衝突或階級隔閡下，所產生的自我認同歷程與階段。這些過程總是輕易的被貼上標籤，成為大家習慣以不同地域性來區分個人與自我差異的標準。這個名詞除了用來形容與我們不同的人，也提醒我們打破地域疆界的隔閡，用真誠的心去認識自己與他人。

Q：為什麼媽媽覺得去美國才是為孩子好？這是以「愛」為名的強迫行為嗎？你想留在台灣或去哪個國家？

A：女兒生氣的說：「去美國讓我們變得 different。」媽媽說：「我不是要讓妳變得跟別人不一樣。」女兒回答：「我在台灣會這麼痛苦，就是因為 I'm different，人家叫我美國女孩。」接著媽媽又說：「去美國不是讓妳 different，我是讓妳 better。」女兒生氣的說：「Better is different!」

母女不同的看法，凸顯早年「念台大、去美國」的觀念，以及這個世代的孩子與他人格格不入的難受。誰對誰錯其實沒有標準答案，在尋找自己的過程中，每個人都會經歷許多迷惘與痛苦。

Q：電影呈現出美國與台灣有哪些文化差異？

A：在教育體制上，芳儀在美國是資優生，回到台灣卻因為考試不及格被體罰。在宗教信仰上，媽媽在美國信基督教，回到台灣還是會燒金紙。

我們稱呼外國人「阿兜仔」，如同大家喊芳儀「美國女孩」是同樣的意思，但是芳儀則反擊稱呼對方「死台客」。把標籤及刻板印象拿來當做自我防衛的工具並且攻擊別人，但兩相對照好像殊途同歸。

雖然是「美國女孩」，但電影最後的畫面卻是芳儀躺在媽媽的腿上，讓媽媽為她掏耳朵，藉此寓意情感和解做收尾。以「掏耳朵」這種台灣家庭才會出現的儀式做為電影結局，留下一切盡在不言中的情感餘韻。

Q：電影中的父母如何互動？對照自己父母扮演的家庭角色有何不同？

A：芳儀的爸媽因為移民長期分居兩地，導致關係生疏。當媽媽想討論死亡時，爸爸只想逃避。但在媽媽手術後虛弱時，又看到爸爸體貼的一面。每個家庭成員都是獨立的個體，從決定子女教育到選擇治病方式都存在歧見，畢竟相愛容易相處難。

在「打破性別藩籬」的現在，父母需要拋開傳統性別分工的觀念，爸爸不必武裝尊嚴將經濟問題一肩扛起，家務及教養也不必歸屬母親負責。夫妻之間最重要的是建立良好的溝通與互動。父母之間的關係，可以是一把打開家庭幸福的鑰匙，也可能是影響孩子生命受限的陰影。

Q：電影中有哪些安排，代表家人處在「卡關」的階段？

A：包括乳癌、SARS、白馬、演講稿與地瓜，都是劇中別有用心的安排。媽媽的病痛引發家庭的巨變與危機，也讓家人在危機裡看到關係修復的轉機。有人說：「疾病是化了妝的幸福，讓我們更加懂得把握及珍惜當下。」而 SARS 也是劇情的重要關鍵，妹妹染疫將家庭的壓力推至爆發的臨界點。唯有面對，才能找到和解與共生之道。

芳儀一直希望回美國，去見白馬 Splash，牠代表芳儀對美國身分的認同。但是當她一路追尋的台灣白馬最後卻不理她時，這才覺察一切只是美麗

的幻想。而當父親發現芳儀所寫的這段文字「我最不想成為的人就是我的母親，她的恐懼使我恐懼，她的軟弱讓我更加軟弱。」他終於在字裡行間明白女兒愛恨交織的心情，以及回台後的處境與挫折。

最後，還有媽媽養在窗檯上的地瓜，慢慢開始生根發芽，象徵再怎麼水土不服，經歷時間淬鍊後也會逐漸成長。

Q：為什麼媽媽下輩子想當男生？有什麼特殊的意涵？

A：母親為了讓孩子得到幸福，常會犧牲自我。從母親下輩子「想當男生」的期望裡，可以察覺女性在傳統觀念與教育下的壓抑、限制與不公平，連自己都無法認同這個性別角色。

不過就在媽媽與芳儀對話後，媽媽最後反問一句：「妳知道我有多愛妳嗎？」已經是為人母親的她最淋漓盡致的情感表達了。

《美國女孩》
電影預告

電影版聲之形

看見內在的聲音
聽見形影的物語

電影版聲之形
（A Silent Voice：The Movie）

- 類型：動畫片
- 說明：日本、2016 年、129 分鐘
- 分級：普遍級

故事內容

石田匠也曾在國小六年級時欺負聽障轉學生西宮哨子，沒想到後來自己卻成為校園裡被霸凌的對象。從國小到高中，他都承受著被排擠的痛苦，終於在高一時決定輕生結束生命。他先找西宮表達自己認錯的心意，後來在贖罪的過程中，因彼此重新理解、支持而讓生命出現轉機，並挹注繼續向前的力量。

▶ 影片的亮點

本片獲得東京動畫獎的「年度最佳動畫」殊榮。劇情藉由前因後果的對照與鋪陳，敘述一段小時候覺得好玩，但卻會造成對方一輩子陰影的故事。當施暴者成為受害者，再回首當年自己的作為時，唯有將心頭的懊悔、自責真正贖罪，才能獲得內心平靜。解決的方式就是跟對方說清楚、講明白，不管對方是否原諒，都是化解心結的第一步。

本片特別適合高年級的孩子觀賞，藉由劇情明白自己的所作所為終將付出相當代價。而對於那些想以「自我了結」方式終結霸凌噩夢的孩子，也可達到事前「打預防針」提醒效果，讓他們明白困境中仍有解決辦法。

▶ 向角色學習

石田匠也：國小時是個屁孩，帶頭玩霸凌遊戲，後來更以欺負西宮哨子為樂。直到自己也被霸凌，這才了解受害者的心境，但也因此自我綑綁而陷入封閉的世界無法解脫。漸漸的，出現社交障礙，也無法信任他人，直到反思與贖罪，終於得到翻轉人生的機會。

西宮哨子：靦腆而且善解人意的聽障少女，使用助聽器及手語與他人溝通。雖然努力想融入團體，但在轉學後仍遭到排擠。當她崩潰想輕生結束生命時，卻因為妹妹的照應，而努力讓自己維持平靜生活。直到再度與石田匠也相遇，小時候被霸凌的回憶又再度被掀起，但此時的她已經學習勇敢說出心裡的想法與苦楚，不會再深陷他人是否討厭自己的糾結裡。

結絃：西宮的妹妹，喜歡攝影，外表像男生，常常假裝是姊姊的男友，藉此保護姊姊不受調皮搗蛋男生的騷擾。她刻意拍下很多小動物死亡的照片，用意是希望姊姊打消輕生的念頭。但外婆鼓勵她明白自己存在的意義，並非只有照顧姊姊而已。

匠也媽：心地善良而且勇於承擔的母親，當她發現兒子闖下大禍時，立刻領錢登門道歉，同時賠償西宮的助聽器損壞費用。匠也輕生前，特地將自己努力打工所存的錢留給媽媽，以答謝她的養育之恩，但卻被媽媽「看似不小心」的燒掉。媽媽寧願犧牲錢，也要換回兒子活下去的理由。

友宏：匠也的同學，某次被霸凌時，因匠也勉為其難的幫他解圍，從此視匠也為朋友，並且處處給予幫忙。當匠也對他大發脾氣時，他也以「我知道你現在正生氣，但我不會在意」來回應。因為他的朋友不多，所以更懂得如何扮演好朋友的角色。

眾同學：這是電影刻意安排的多個角色，讓觀眾透過同學群中扮演女王蜂、自以為是、帶頭排擠別人，以及主動照顧者等角色，察覺他們的立場與行為動機，進而產生自我投射。

▶ 引導式提問

Q：為什麼電影取名為「聲之形」？有什麼弦外之音？

A：日文直譯應該是「形之聲」，中文片名則刻意凸顯聲音的形貌。「聲」在電影中代表耳朵與手。一般人用說話來傳達情感，但聽障者必須透過唇語或手語來溝通。一旦聽覺障礙，便很難與他人順暢交流。

但是，往往聽覺正常的人，也常常出現溝通障礙。這個片名讓我們看到更多元的溝通形貌，無論是藉由說、畫、寫與手語等方式，目的都是希望可以清楚表達與溝通，如此一來才能解決問題。

Q：男主角為何會從霸凌者變成被霸凌者？為何男女主角想輕生？

A： 匠也升上高中後，別人知道他曾經霸凌別人的過去而疏遠他，使得他極度自責，覺得生無可戀，想輕生結束生命。

至於西宮想輕生的原因，則是來自從小遭受欺負的經驗，致使她成為家中一直需要被照顧的對象，同時那些欺負西宮的人也會遭到指責。因而讓她覺得，如果自己不存在，大家都不必再受苦。

分析兩人的輕生原因與人生歷程，更凸顯自我認同的重要。孩子若能從小學會欣賞自己並找到才華跟天賦，人生才會一步步邁向精采。

Q：貼在匠也臉上的 XX 貼紙，有什麼特殊意涵？

A： 其實這是非具象的視覺化手法。XX 代表匠也的內在封閉狀態，他拒絕與外界接觸，更不想主動進行人際溝通。直到他願意走上贖罪、道歉之路，我們也看到 XX 貼紙在人群中慢慢掉落、消失。但是當他與對方的關係惡化時，XX 貼紙又會重新再被貼上。電影最後，匠也重返校園，身邊陌生人臉上的 XX 貼紙又紛紛落下，表示他終於走出困境，可以用正向的心態建立人際關係。

Q：電影為什麼安排角色在橋上進行「真心話大冒險」？

A：日本人高度重視禮貌及人際關係，往往不會直接表達內心真實的感受。這個橋段是突破「假面好友」的重要橋段，透過「真心話」遊戲讓配角群發揮作用，放大西宮與匠也兩人國小霸凌事件的漣漪效應，讓他們回頭檢視自己。

吵架也是一種溝通，也可能是心理治療的方式。誠實說出心裡的話，才能互相明白彼此的底線。若要繼續交往，就必須正視這些問題。

Q：在西宮與匠也的和解過程中，可以覺察自我認同有何重要性？

A：良好的人際關係讓人感到幸福，產生融入環境的動力。自我認同來自於接受原本的自己，包含天賦、限制，甚至是先天的缺陷。沒有人是完美的，所以我們也不必強求自己要變得完美，但是可以努力成為更好的人。認同自己的人才會懂得同理別人，既能為自己發聲，也會為他人挺身而出，進而逐漸聚集成為正向的群體，產生互相協助、懷抱勇氣、披荊斬棘的力量。

《電影版聲之形》
電影預告

　　　　　用電影和孩子一起學會愛的能力

小王子公主心

爲孩子許一個
愛與平等的未來

小王子公主心（Petite Fille）

- 類型：紀錄片
- 說明：法國、2021 年、90 分鐘
- 分級：普遍級

故事內容

正處於「性別不安」階段的國小男生莎夏，告訴媽媽自己長大後想當女生。一開始媽媽以爲他在開玩笑，但在觀察孩子的生活與行爲後發現，孩子所說的話都是發自內心的呼喊。看著孩子穿上女裝後露出的笑容，媽媽決定爲她挺身而出，對抗外界的壓力與異樣眼光。電影藉由一家人的堅毅與溫柔，表達每個人都是不同的個體，內在的心聲都應該被尊重。

▶ 影片的亮點

　　本片被譽為「準備改變世界」的電影。因拍攝內容十分深入，更加彰顯紀錄片與劇情片的模糊界線。導演以溫柔細膩的陪伴立場為出發點，挑選出一個願意讓全世界深入觀看的家庭，讓觀眾明白這家人如何面對社會道德，以及大眾的支持或反對眼光，最後用愛與勇氣發展出對「性別認定」的多元看法。

　　導演以「不帶控訴的角度」進行拍攝，透過鏡頭呈現出現實世界的殘酷、學校的逃避態度、芭蕾舞老師的冷暴力，以及孩子心靈受傷後的反應等情節，極具溫暖及震撼，特別適合親子共賞。

▶ 向角色學習

　　莎夏：從小就覺得自己是女生的生理男孩。面對責難時，往往選擇默默忍受，將委屈吞進肚裡。在心理醫師循循善誘的提問下，才慢慢說出自己面對他人歧視與霸凌的心情，讓人倍感心疼。

　　媽媽：堅強的勇者母親。面對孩子的性別不安，一開始懷疑是自己的錯，最後決定挺身而出捍衛孩子的受教權及生存權。她在受訪時所說的話，許多內容都可借鏡成為親子教養的核心題材。特別是她告訴大家：「相信每個人一生中都有一個使命，莎夏就是生來要改變人們心態及想法的人。我則是個幫助者，因為沒有人可以被自私的定義要活成別人想要的樣子。我要幫助別人打開心房，讓我的孩子擁有平凡的童年。」

爸爸：個性強悍的父親，與媽媽站在同一陣線上支持孩子。對他來說，自己的孩子想當女生或男生都不是問題，他只希望孩子快樂，所以決定與家人一起站出來，爭取該有的權益。

　　哥哥：理解莎夏狀況的好哥哥，雖然年幼，但明白莎夏其實是女生，只不過是住在男生的身體裡。他要莎夏為自己反擊，認為男生也可以穿粉紅色的衣服，而女生也可以穿藍色的衣服。

　　心理醫師：溫柔又具同理心，總是循循善誘的專業醫師。她一點一滴的提問與開導，讓莎夏及家人都覺察不該被他人如此對待，並且在性別認同過程漸入佳境。她認為莎夏正處於「性別不安」階段，不必用僵化的態度將性別二分，只要覺得自己是什麼性別就去嘗試，然後再思考進入下一個階段即可。她的專業讓莎夏一家人信賴，並且振作積極生活。

▶ 引導式提問

Q：這一家人遇到哪些歧視眼光及不公平對待？

A：同學覺得莎夏太陰柔，所以不想跟他玩，而莎夏也從未邀請過朋友來家裡做客。

至於老師，則是既不接受，也不鼓勵她做自己，致使她無法擁有社交生活，甚至買書包及文具，也不能選擇自己喜歡的顏色。就連在芭蕾舞教室，老師也不讓莎夏換上女生的舞衣，甚至還冷酷的推開她，讓莎夏忍不住懷疑：「不曉得這些對抗有沒有意義？」

更離譜的是，即使專業醫師到校會談，校長及老師也集體缺席。最後，

在父母鍥而不捨的努力下，學校才勉強做出改變。從校內外的情境來看，這些大人都是假道學、真歧視。

Q：如果家人是生理以外的另一個性別，我們可以怎麼做？

A：電影裡的媽媽，從一開始的自責，到後來積極尋找資源，因而在過程中了解到求援能力的重要。如果親朋好友出現類似情況，我們應該秉持更開放的態度理解並即時提供資源。讓大人與小孩都可以接受更完整、更全面的評估，進而與內在對話，為受創的幼小心靈找到癒合傷口的機會。

Q：什麼是「正常」，什麼又是「不正常」？

A：「正常」兩個字本身就存在刻板印象及偏見，建議用「多數」與「少數」，或是「常見」與「普遍」來討論更恰當。

Q：家人如何幫助莎夏勇敢做自己？換做是你會怎麼做？

A：媽媽從一開始的自責，到後來漸漸感同身受，理解到認同孩子才是最重要的。當莎夏哭訴擔心自己這輩子都不能變成女生時，媽媽以「陪同孩子做自己喜歡的打扮」的方式，接受性別不安帶給莎夏的情緒反應。

同時，還有家人之間的相互支持。他們讓莎夏去學芭蕾舞、穿自己喜歡的衣服、改變房間擺設，最後一起勇敢捍衛、戰勝心理恐懼。盡一切努力不讓莎夏轉學，讓旁人接受完整的她、一步步成為自己想要的模樣。

Q：為什麼看心理醫師是很好的求援方式？哪些提問技巧帶給我們啟發？

A：透過醫師如何與莎夏開啟對話，就可明白這是一位值得信賴的醫師。醫師對莎夏說：「今天我們就來認識彼此，妳可以說自己的故事，告訴我為什麼想來找我？」莎夏回答：「我出生的時候是男生，但是我現在是女生。」醫師接著回覆：「那妳來對地方了。」

專業醫師讓人願意說出內心感受，尤其是循序漸進的提問，例如：「同學有沒有嘲笑妳？」、「他們有沒有對妳動手，或是做出類似舉動？」都讓人可以快速連結自己的生活經驗。

當莎夏沉默時，心理醫師則用「以後還有機會」做回應，表達自己願意耐心等待孩子準備好了再進行治療。這樣做有助於莎夏身心靈完整發展，進而產生更多保護機制來對抗不友善的環境。

Q：電影最後為什麼會拍攝莎夏的房間？從房間擺設看到什麼？

A：莎夏的房間擺放很多玩偶及女生的衣服。一開始她抗拒拍攝，但最後可以拍出這麼多生活細節，可見導演的溫柔如同心理醫師，一起陪伴莎夏一家人完成革命。

片尾出現的蝴蝶是個強烈的暗示，暗喻莎夏擁有家人的支持、心理醫師的鼓勵，讓學校願意改變，同學也願意來家裡玩耍。就像破蛹而出的蝴蝶，終於可以自在飛翔。

Q：與眾不同的孩子在成長過程中可能有什麼壓力？

A：媽媽曾告訴莎夏，她一定會遭受很多苦。一想到日後的青少年時期、初

戀，還有各種未知的考驗，也許會遭受辱罵、威脅，甚至被霸凌，媽媽擔心莎夏無法和別人有一樣的生活。

華盛頓州立大學心理系副教授克莉絲蒂娜‧奧爾森（Kristina Olson）曾說：「透過多數人如何對待少數人的方式，可以判斷社會的進步程度。」她長期對跨性別、性別認同與出生不一致的孩子做研究，結果發現有高達四成比例的跨性別人士有自殺傾向，但原因並不是因為性別認同，而是來自家庭與社會的不支持。

《小王子公主心》
電影預告

用電影和孩子一起學會愛的能力

親愛的初戀

每個人都值得擁有偉大的愛

親愛的初戀（Love, Simon）

- 類型：劇情片
- 說明：美國、2018 年、110 分鐘
- 分級：保護級

故事內容

高中生西蒙生長在環境優渥的家庭，在學校裡也有知心好友，但是他卻有個不能說的祕密，就是自己的「同志」身分。他在學校網站發現有人跟自己一樣，因而開始彼此在深櫃中的信件往來。隨著兩人的關係愈來愈好，西蒙開始對於「同志才要出櫃」的說法感到不公平，但他沒想到自己卻被迫出櫃。西蒙如何一步步勇敢做自己？成為自我認同的典範。

▶ 影片的亮點

本片改編自暢銷小說《西蒙和他的出櫃日記》，作者是位心理師，她在諮商過程中發現：國中、高中青少年都有性取向^(註3)的祕密與為難，所以想寫書鼓勵他們把握青春當下。

電影看似在探討同志議題，實則在詮釋每個人心中的祕密，透過正向與歡樂的劇情告訴我們，祕密不管多麼難以開口，只要勇敢做自己、認同自己，就可以在成長過程中得到支持力量。本片深受好評，並有延伸的影集版。

▶ 向角色學習

西蒙：體貼的兒子與哥哥，擁有幾位好朋友，由於擔心自己的性取向曝光而欺騙朋友，因而導致把柄落入同學手中而備受威脅。最後他勇敢面對，贏回友誼並找到愛情。

媽媽：同時是個賢妻良母，也是作風開明的心理醫師，可以接受全家人一起觀賞性愛電影。最後她鼓勵西蒙的對白，可以當做親子教養的金句。

註3：「性取向」是指人們對相同性別、不同性別、多元性別的人，所產生性的吸引力。

爸爸：曾是橄欖球四分衛的直男，不時會拿同性戀話題開玩笑。當他知道兒子的性取向時，對自己的言行深感懊悔。雖然個性有點神經大條，但對孩子無比關愛，也會主動向孩子道歉，甚至提議一起加入同志交友網站，幫忙兒子物色對象。

小藍：西蒙的愛慕對象，劇中最大的懸念及高潮，讓觀眾從頭到尾都在猜「他」到底是誰。他以網名「Blue」與西蒙交流，真實身分是兼具黑人與猶太人的同志布朗，集結多重弱勢於一身，比別人需要更多自我認同。

馬汀：自我感覺良好的怪咖，程度嚴重到讓人想翻白眼，是大家不想接近的邊緣人。他同時也是資安議題的負面教材，因為竊取西蒙在公共電腦的私人訊息，並且以此要脅他。雖是打亂規則的反派，最後卻是促成西蒙戀情開花結果的幫手。

歐布萊：外型豐腴的黑人戲劇女老師，因為懷才不遇而憤世嫉俗。當無聊男生在餐廳對西蒙言語霸凌時，她勇敢站出來為西蒙嗆聲。「因為你們這兩個混蛋在全校面前做了很白爛的事情，所以沒有人會同情混蛋，尤其是我。」她勇敢斥責、絕不姑息的態度，為處理校園霸凌提供絕妙的示範。

▶ 引導式提問

Q：電影中的摩天輪有什麼暗喻及巧妙設計？

A：小藍在文章中寫到：「有時覺得被困在摩天輪裡，上一秒在世界頂端，下一秒又跌落谷底，無止境的循環。」摩天輪暗喻人生起伏，鼓勵大家深陷谷底時不要放棄，未來一定會慢慢再度爬升。電影最後西蒙與小藍

共乘摩天輪，在大家的應援吶喊聲中展開戀情。藉此鼓勵觀眾，面臨人生困難時努力撐住，等待機會擁抱柳暗花明又一村。

Q：西蒙從深櫃到出櫃歷經哪些心路歷程？我們有無類似經驗？

A：起初西蒙覺得不公平，覺得沒有人可以走進他的內心世界，因為長期以來都有一條隱形的界線，提醒他不可跨越，也不可被跨越，只因為自己深藏了一個不可告人的祕密。但是祕密需要被打開，每當想談個祕密戀愛時，總會讓他面臨「成為自己」與「為朋友著想」的兩難抉擇。但沒想到，自己的突然被迫出櫃竟換來家人和朋友的支持、鼓勵與理解，因而讓他從中得到更多歸屬感，走上自我認同的道路。

Q：媽媽如何開導西蒙產生自我認同？你與家人如何互動？

A：媽媽早就發現西蒙有祕密，但選擇不刺探，同時也自我反省是否做錯。如果一開始她就主動詢問，也許孩子這些年來就不必獨自承受這麼大的壓力。

至於出櫃，媽媽則是鼓勵西蒙：「你還是你，是我疼愛的孩子，還是一個哥哥。重要的是，你現在需要喘口氣，要比從前更加盡情做自己，你值得擁有任何想要的一切，因為你是一個好人、好孩子、好哥哥、好同學。」母子兩人的對話帶給觀眾深刻又感動的啟發。

Q：西蒙如何宣告出櫃？如果是你會怎麼做？

A：當別人揭開西蒙的同志身分後，他透過一封文情並茂的信，娓娓道出自

己的想法與心情，同時也對電腦另一端的小藍發表求愛宣言：「準備好了嗎？要不要在摩天輪下勇敢站出來？你體貼風趣、用字小心、永遠追求完美……。但我也希望你能出現在摩天輪下，因為你值得擁有一段美好的愛情。」

《親愛的初戀》
電影預告

延伸片單特搜
〈自愛〉篇

1.《怪物少女妮莫娜》Nimona

奧斯卡最佳動畫片入圍，節奏明快、引人入勝，獻給與現實生活格格不入，並且被歧視的你、我、他，同時也是一封鼓勵肯定自我的溫暖情書。

美國 /2023 年 /101 分鐘 / 保護級

2.《狼的孩子雨和雪》Wolf Children

藉由人與狼相戀的故事，來做為跨族群的比喻，透過單親父母撫養孩子長大成人的歷程，告訴大人如何鼓勵孩子勇敢走出自己的人生道路。

日本 /2012 年 /117 分鐘 / 保護級

3.《兩萬種蜜蜂》20,000 Species of Bees

以蜜蜂比喻性別的多樣性，獲得柏林影展銀熊獎，描述八歲小女孩尋求自我認同的成長故事，劇情深刻動人、深具啟發。

西班牙 /2024 年 /127 分鐘 / 保護級

4.《髮膠明星夢》Hairspray

約翰・屈伏塔反串演出的經典歌舞片，以輕鬆喜劇為包裝，實為深入討論身材和種族的傑作，闡述「自我認同」是重要的世代傳承。

美國 /2007 年 /117 分鐘 / 普遍級

5.《Barbie 芭比》Barbie

入圍奧斯卡多項大獎，突破傳統思維開創嶄新敘事風格。娃娃也要尋求人生意義，

反映自我認同和女權平等的重要，《淑女鳥》是導演執導作品的精采處女作。

美國 /2023 年 /114 分鐘 / 普遍級

6.《幸福不設限》Three Generations

三代金獎女星同台飆戲，當女兒告訴孫女自己是男生，面對被同儕霸凌的生活，唯一的心願是去尋找失聯的父親，讓自己成為新造的人。比利時電影《芭蕾少女夢》則是另一部更深層、更痛楚的跨性別故事。

美國 /2015 年 /92 分鐘 / 保護級

7.《波希米亞狂想曲》Bohemian Rhapsody

叫好又叫座的皇后合唱團傳記電影，不僅歌曲動聽、演員演技精湛，電影更告訴我們如何看出自己的無限可能。敘事音樂家艾爾頓‧強的電影《火箭人》亦有異曲同工之妙。

美國 /2018 年 /135 分鐘 / 保護級

8.《令人討厭的松子的一生》Memories of Matsuko

跨世代經典名片，主角松子的人生倚靠在一個又一個男人的身上，結果卻換來一次又一次的絕望，電影以歌舞片的華麗形式告訴觀眾「愛自己」的重要。

日本 /2006 年 /130 分鐘 / 輔 12 級

9.《酷男的異想世界》Queer Eye

Netflix 知名得獎影集，五個男同志各有飲食、服裝、妝髮、設計及文化專長，不僅帶給每集主角自我覺察的實踐，也讓觀眾享受身心靈的洗滌。

美國 /2018 年 / 目前共 8 季 / 輔 12 級

10.《斷背山》Brokeback Mountain

台灣國寶級導演李安的經典之作，獲得奧斯卡最佳導演獎，以遊牧美景襯托出深刻的同性之愛，在不被理解的時空下，換來的是不勝唏噓的無奈。

美國 /2005 年 /134 分鐘 / 輔 12 級

愛的能力 第二課

尋愛

愈是缺乏　愈是渴望

覺察自己失落的愛

修復童年被忽視的情感

重新找回愛的能力

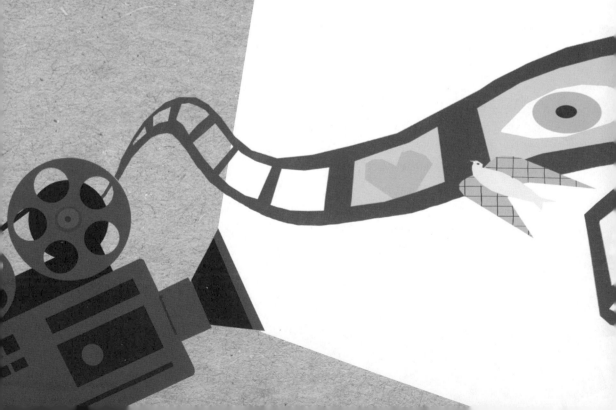

尋愛 ——
理解愛的需求
累積愛的能力

　　國中時，我很喜歡當時的一部賣座電影《西雅圖夜未眠》（Sleepless in Seattle），這部浪漫喜劇讓我充滿粉紅泡泡的遐思，不斷想著是否每個人都有命中注定的人？劇情最巧妙之處在於最後的橋段，男女主角終於在紐約帝國大廈初次碰面，陌生又熟悉的對眼寒暄，成了觀眾屏息感動的高潮結局。但當我實際來到帝國大廈頂層時才發現，現實與電影截然不同。

　　成長的路上，我們都曾經歷尋覓情感的過程，迷惘時總會忍不住想問：「到底會不會遇到真愛？」、「真愛，是命中注定的唯一？還是不只有一個？」多年教學現場，我總會一再看到對情感需求特別強烈的早熟學生。

　　當孩子畢業後在同學會上再見時，就有人曾偷偷的告訴我，自己六年級時每天都會特別提早到校，然後躲到僻靜處，跟喜歡的對象拉手、擁抱，甚至想偷親對方。我也曾目擊兩位同學因為喜歡上同一個人，導致原本的閨密或麻吉情感因為「愛情」而宣告破裂。

　　孩子早戀，師長不能嚴格禁止，也不敢放牛吃草，進退兩難皆憂心。而早戀的背後，部分的原因是孩子對原生家庭情感依附不足所導致。

家庭關係疏離，向外尋求溫暖慰藉

我任教的第一年，在桃園一所小學教書，當時我帶的高年級班上臥虎藏龍，男生充滿戾氣，青春的荷爾蒙四射亂竄，把女老師活生生嚇跑。於是，我被分發去接了這個「後母班」。

學生無時無刻都在躁動，上課時打來打去不說，還「跨班」挑釁鬧事，讓我疲於奔命。當時六年級 4 個帶班老師中，有兩位是代課老師，另一位和我則是第一年帶班的菜鳥。開學第一個月我已筋疲力竭，回家後完全無法動彈，需要先睡上一覺，才有力氣起床吃晚餐及備課。

接「後母班」的困難，就是男生覺得我偏心女生，而女生又因為情感依附在之前被嚇跑的女老師身上，所以對我滿懷敵意。當時班上有位女生，雖然成績普通，但個性非常活潑外向，同時還具備唱歌、主持才華，號稱是「小阿妹」。每次舉行同樂會或慶生會時，我都會請她擔任主持人，她也很有天分，掌握節目進行的節奏極好。但六年級下學期時，她長達一個星期沒來上學，媽媽、姊姊也不知道她的去向，於是家人趕緊報警，最後在陽明山上找到她。

原來，她和幾個家庭背景、學習情況相似的女生與國高中男生逃學蹺家。找到人後我打電話問她：「妳不想來學校嗎？」她才娓娓道出逃學蹺家的原因，因為姊姊上大學後很少回家，晚上媽媽又因為工作不在家，疏離的家庭關係遠比不上外面的哥哥和姊姊帶著她四處吃喝玩樂開心。

用愛同理行為，以關懷取代指責

後來，我又聽說她被這些人暴力相待，臉上與身上都留下瘀青跟傷痕。當媽媽告訴我小阿妹確定回校上課的日子，我因為擔心她遭受同學指點，所以出了一道作文給全班同學寫，並把她家裡的情況，還有跟所謂「不良少年」出去玩的情況略做說明，希望大家換位思考。

當時班上一位家教嚴謹，而且功課非常好的女生在作文裡寫道：「如果是我，我也會蹺家……。家裡沒人，外面的人又對妳那麼好，妳就會覺得為什麼要那麼辛苦準備期末考，反正大人也不在身邊……」

對此，我也語重心長的告訴班上同學：「天下沒有白吃的午餐，這些拿『好朋友』名義當幌子，帶我們吃喝玩樂的人，他們花錢請客就有所圖，希望我們聽話、做他們要求的事。一旦不願就範時，他們可能會覺得白花錢而出手教訓。」我期待大家站在小阿妹的立場，理解她的心情、用愛擁抱她，而非像那些人一樣不明就裡的指責她。

當天小阿妹回校上課，趁著班上同學上科任課的時間，我與母女三人在教室聊天。我發現小阿妹與媽媽、姊姊的情感互動充滿失望且怨懟，於是告訴她：「老師可以理解妳覺得媽媽和姊姊都不關心妳，因為妳回到家時她們都不在。但是如果她們真的不關心妳，為什麼還要拜託警察找妳？還要趕去陽明山上救妳？」

我讓媽媽講出心裡話，媽媽痛哭的說：「我必須上夜班才能多賺一點錢。姊姊因為要上課，我只能拿錢給妳自己吃晚餐，我覺得很抱歉。」接著姊姊也暴哭說道：「上大學後我常跟朋友出去，忽略還有小妹妹要關心，以

後我會儘量每個星期都回家。」最後我也哭著告訴她：「大家沒有不關心妳。同學和老師都希望妳趕快回來，不然班上少了很多笑聲，也沒有人唱阿妹的歌給我們聽……」

因為事前做了處理，所以班上男生不會去問她敏感話題，女生也特別支持關心她，直到畢業前她沒有再蹺家。

▌覺察自己的情感失能，修復童年情感忽視

精神病學家和精神分析學家約翰・鮑比（John Bowlby）在依附理論中提到，人類的情感依附性從幼兒時期就開始了，幼兒至少要和一名主要照顧者建立關係，促進正常的社交能力和情感能力發展。在這個理論基礎上，心理學家鍾妮斯・韋伯（Jonice Webb）也整合多年心理諮商經驗出版《童年情感忽視》，書中梳理出 12 種感情失能的父母類型，闡明「大人並非不愛你，而是沒有能力回應你。」

這 12 種感情失能的父母類型如下：

一、自戀型父母：充滿優越感，過度要求孩子表現完美。

二、權威型父母：期待孩子按照規定行事，理由是「為你好」。

三、放縱型父母：未盡責的限制或規範孩子，不敢對孩子說「不」。

四、活在憂傷裡的單親父母：深陷憂傷情緒裡，無力回應孩子需求。

五、成癮型父母：正常及不正常時判若兩人，孩子無法預測父母的樣貌。

六、憂鬱型父母：不是暴躁，就是悶悶不樂，缺乏精力或熱情教養孩子。

七、工作狂型父母：生活重心都在工作，無暇注意孩子的需求或感受。

八、需照顧家中特殊成員的父母：因照顧家中長輩或特殊孩子而分身乏術，致使其他小孩產生相對剝奪感。

九、成就感與完美主義導向型父母：不斷對孩子施壓，逼迫他們達成自己的目標。

十、反社會人格型父母：本身沒有罪惡感，或是缺乏同情心。

十一、讓孩子身兼父職或母職的父母：強迫孩子像大人獨當一面，甚至要照顧父母。

十二、為孩子著想卻缺乏自覺的父母：一廂情願為孩子付出，卻忽略彼此的感受。

尋愛最後會發現，我們喜歡的對象都是自己失落的類型。因為愈缺乏，所以愈渴望。本章希望大人自我覺察是否為失能父母？如何透過電影及練習做改變？進而在不同類型的電影裡看到愛的多種面貌，包含多部經典 YA 電影（Young Adult Movie，註1），在小清新氛圍中和孩子討論愛的本質及需求，修復童年被忽視的情感，終止世代情緒傳承，找回愛的能力！

註1：「YA 電影」是以美國青少年校園題材拍攝的喜劇電影，內容涵蓋愛情與生活等面向，劇情青春洋溢、熱血沸騰。

芭蕾奇緣

用腳尖征服世界
用勇氣找回初心

芭蕾奇緣（Ballerina）

- 類型：動畫片
- 說明：法國及加拿大、2017 年、
  90 分鐘
- 分級：普遍級

故事內容

一起在孤兒院長大的費莉西與維克多，女孩希望成為芭
蕾名伶、男孩希望成為發明家。兩人逃出孤兒院後，一
起來到巴黎尋夢，費莉西也如願進入舞蹈學院學習。經
歷一連串阻礙、冒險及努力，最後終於站上巴黎歌劇院
舞台實現夢想。

▶️ 影片的亮點

　　這是一部古典風格的動畫片，還原 19 世紀夢想之都巴黎的風貌，敘述當時的故事。精湛的 3D 特效精緻呈現巴黎著名的建物、景觀，以及芭蕾舞動作優雅。製作小組找來巴黎歌劇院前後任芭蕾總監示範舞蹈動作，再透過 3D 動態捕捉技術，讓觀眾欣賞世界知名芭蕾舞劇，同時享受清純動人的愛情故事。

▶️ 向角色學習

　　費莉西：從小在孤兒院長大，個性古靈精怪，熱愛芭蕾，除了跳舞以外的事都可以大而化之。她頂冒千金小姐的名字進入舞蹈學院習舞，老師稱讚她像子彈有衝勁，但也批評某些動作像沮喪的大象。雖有小聰明，但過程中吃盡苦頭，最後在許多貴人相助下完成夢想。

　　維克多：與費莉西一起在孤兒院長大的好友，看起來傻里傻氣，卻是個小發明家。他喜歡費莉西，在她圓夢的路上鼎力相助。「維克多」這個名字引用自 19 世紀法國浪漫主義文學代表人物維克多‧雨果，藉此闡揚法國傳統文化及人道精神。

　　奧黛：曾是知名芭蕾名伶，因意外導致行動不便，淪為劇院清潔人員與貴婦家的清潔工。陰錯陽差認識費莉西，並且為她特訓完成夢想。既是費莉西的老師，同時也像她的母親，相處過程充滿善心與嚴格的矛盾情感。

　　編舞家：舉世聞名的芭蕾大師，刀子嘴豆腐心，對學生非常嚴格。他

看出費莉西的潛力，總是在她出紕漏時給予彌補機會，鼓勵她堅持到底，最後終於成功。

卡蜜兒：有錢人家的千金，高傲、好強與蠻橫無理的性格都來自媽媽的影響。擁有舞蹈天分卻缺乏熱情，最後要求母親將女主角讓給費莉西，別再強迫自己跳舞。

音樂盒：貫穿整部電影的意象，既是費莉西亡母的遺物，也是她情感依附的窗口，同時象徵美好夢想。被丟棄破損後維克多將它修好，除了表示珍視情誼，也鼓勵費莉西遇挫時懷抱堅持、等待希望。

艾菲爾鐵塔與自由女神像：19世紀竣工的法國建設，象徵當時是個鼓勵創新的年代。艾菲爾鐵塔搭建時曾遭居民阻撓，如今是法國重要地標。自由女神像則是法國送給美國的禮物，彰顯自由的價值與可貴。兩者寓意不畏艱難，為所愛之事堅持到底，就有機會實現夢想。

▶ 引導式提問

Q：為什麼時代背景設定在 1880 年代？

A：這是法國歷史上美好、積極發展、對世界極具影響力的年代。當時法國政體進入第三共和國，因為舉辦世界博覽會而使巴黎漸漸成為歐洲重要文化大城，所到之處盡是藝術、創意及發明，吸引世界各地的人前來追夢。在這樣的時空背景下，藉由男女主角的經歷傳達：勇敢逐夢、努力創造，終會發光發熱。

Q：男女主角的角色靈感來自哪裡？

A：兩人出身於孤兒院的背景與遭遇，不僅類似法國小說家雨果的長篇小說《悲慘世界》，也有英國作家查爾斯·狄更斯小說作品《孤雛淚》的影子。雨果與狄更斯都是 19 世紀的偉大作家，擅長描寫社會底層小人物、探討貧富差距及階級不公等議題。本片看似勵志電影，實則隱藏許多人道關懷。

Q：費莉西遇到哪些貴人？他們為什麼願意幫助她？

A：首先是維克多，與費莉西聯手逃出孤兒院。後來遇見奧黛，不但收留她，還教導她芭蕾。而編舞家則是同時看穿謊言並發掘潛力，不斷給予費莉西機會。

此外，劇中看似反派角色的孤兒院舍監，因被費莉西的舞姿感動，而願意助她再次逃離孤兒院。還有卡蜜兒，雖是費莉西的強勁對手，但也是幫助她成功的推手，在競爭過程中激發費莉西的戰力，並且幫忙勸退母親讓費莉西登台演出。

Q：如果你是費莉西，想跟哪位男生進一步發展？為什麼？

A：費莉西面臨情感兩難。青梅竹馬雖然傻里傻氣、口袋空空，但理解也支持自己。而芭蕾男神魯道夫則是舞技一流，英俊多金又懂甜言蜜語。

費莉西嘗試與魯道夫交往後，才發現他惱人的花心個性。提醒觀眾尋愛過程不要太早下定論，多認識、多交往，才會明白自己喜歡的類型、適合跟誰在一起。

用電影和孩子一起學會愛的能力

Q：費莉西如何在競爭中勝出？你有沒有像她對芭蕾熱情執著的事物？

A：認真的女人最美麗！費莉西雖然外表普通，但專注於熱愛的芭蕾，奮鬥過程散發自信光彩，展現出無比驚豔的魅力，因此維克多與魯道夫都喜歡她。

重點是，我們有沒有找到讓自己熱情的事物？就算再累也不嫌苦、縱使被反對也要堅持到底。費莉西日常勤練芭蕾的紀律，如飲水般自在其中的神態，不知不覺也為自己累積了實力，值得借鏡學習。

《芭蕾奇緣》
電影預告

初戀那件小事

因為愛
讓自己成為更好的人

初戀那件小事
（Crazy Little Thing Called Love）

- 類型：劇情片
- 說明：泰國、2011 年、124 分鐘
- 分級：普遍級

故事內容

平凡的國一女孩小嵐，喜歡上學校文武雙全、又帥又善良的高一學長。為了引起對方注意，她做了很多傻事，例如加入沒人欣賞的話劇社、陰錯陽差被指派當樂隊指揮等，但她的努力終於讓自己醜小鴨變天鵝。然而就在轉學來了學長的哥兒們後，三人展開波濤洶湧的三角戀。究竟她的愛情會不會開花結果？

▶ 影片的亮點

　　將愛情文藝片添加 YA 電影裡的青春校園元素，搓揉成勵志青春愛情故事，成為亞洲電影爭相模仿的教材，打破泰國電影的恐怖片刻板印象。電影包含多層次觀點，不僅讓少年樂看趣味、青少年產生共鳴、成年人回憶輕狂初戀歲月，男女主角也因此片成為銀幕情侶經典代言。

▶ 向角色學習

　　小嵐：原是普通的壁花^{（註2）}女孩，在勇敢追愛的過程中，努力把自己從裡到外改變。隨著外表愈來愈美，她卻見色忘友、與好友漸行漸遠，直到體認愛情不是青春的全部，最後終於明白追愛不忘友誼與夢想，才能砥礪進步成長。

　　小莫：外在超級完美，內在卻缺乏勇氣。由於爸爸在足球比賽時分心導致射球失準而大受嘲諷與攻擊，因而種下膽怯的心病，讓他不敢跟小嵐告白。電影藉此角告訴觀眾，不管外在如何美麗，內在的堅強也需要鍛鍊。

　　阿拓：小莫的哥兒們，兩人小學時曾發誓「絕對不要喜歡上同一個女生」，沒想到後來卻同時喜歡上變成天鵝的小嵐。小莫得知阿拓的心意後，因為擔心小嵐被追走，於是要求他不可以跟小嵐交往。電影藉此角探討，與好友喜歡上同一個人時該如何處理與選擇？

註 2：「壁花」是形容極為內向的人。他們在社交場合常常會遠離人群，避免自己成為眾所矚目的焦點。

英文老師：雖在尋愛過程中，總是表現出誇張到令人噴飯的花癡行為，但在面對學生時，卻是嚴厲不失人情溫暖。她堅持到底的精神，最後終於追到自己心儀的對象，是個非常忠於自己的好心人。

閨密：既是小嵐的美麗顧問，也是她的愛情軍師，更是愛情偵探兼出餿主意的智囊團。雖在小嵐見色忘友時離行漸遠，卻也在她沮喪落寞時給予擁抱並重修舊好，是小嵐尋愛過程中最寶貴的朋友。

▶ 引導式提問

Q：愛情是小事嗎？嘗試和家人分享自己的初戀。

A：愛情讓人患得患失、失去理智，特別是在萌芽時，對方的一舉一動、一顰一笑都讓人心情震盪起伏，以為這就是全世界。別以為小情小愛微不足道，若沒好好處理也會帶來難以癒合的傷痕。

初戀可能是單戀、暗戀與多角戀，容易讓人失去判斷力。當眼裡只有對方時，很容易忽略朋友。無論如何，在愛情中看清及找回自己，都是重要必學的課題。

Q：小嵐做了哪些努力來贏得小莫的眼光？你有沒有類似經驗？

A：小嵐的功課普通、沒有特殊才華，而且皮膚黝黑又戴著牙套與眼鏡，她如何在愛情中勝出？當朋友拿著愛情寶典對她照本宣科，即使結果讓人尷尬，也看出小嵐為了追愛的真心與努力。

暗戀的確讓小嵐愈變愈美麗，但真正的成長反而是在失戀之後。失戀後

的小嵐內心變得更堅強，甚至為了出國念書，還跟爸爸打賭要考到第一名。而她與小莫的緣分，反而是在彼此長大成熟後才翩翩到來。

Q：男女主角皆遭遇愛情與友情的兩難，你會如何選擇與處理？

A：小莫因為與阿拓的約定，只能把對小嵐的喜歡藏在心裡。小嵐則是有了愛情就冷落友情，甚至錯過死黨生日，即便擁有愛情，也非心中真正的渴望。他們的選擇都沒有聆聽內心真實聲音，忽略「誠實」才是面對愛情與友情的上策。

Q：劇情有哪些精心安排成為模仿範本？

A：通俗的愛情電影，總把搞笑任務交給配角，男主角則陷入出糗及主要困境。然而本片則完全顛覆這樣的安排，男主角從頭帥到尾，女主角則一路走衰運，等到告白時才發現對方已跟別人在一起，傷心之餘還掉進泳池。這種推翻慣例的劇情操作，帶給觀眾意想不到的情緒起伏。

此外，編導還轉換敘事視角，前半段以小嵐的視角來看自己暗戀時所受的傷，直到掉入泳池後才開始出現小莫的主視角，出現他在小嵐還是醜小鴨時所拍的照片。透過不同視角的安排，讓觀眾看到兩人膽怯且患得患失的心情，這樣的技法後來也被大量複製到許多愛情文藝片中。

Q：你對結局的寓意及巧思有何看法？

A：正當觀眾覺得男女主角戀愛失敗、故事以悲劇收場之際，劇情轉場來到9年後的時空，小嵐成了紐約歸國小有名氣的服裝設計師，小莫則從職

業球員變成攝影師。在電視專訪現場，小嵐見到曾經愛戀的小莫，而對方也正等待著她。劇情發展至此，觀眾才看到這個愛情故事的真正結局。在求學當下，也許情感會有很多阻礙摻雜其中，但如果兩人真的有緣，多年後還是可能在一起，那麼過去曾經做過的蠢事，也就成為寶貴的維他命了。藉由本片告訴師長，求學階段不必嚴格禁止孩子的情感交流，只要好好處理，都會成為他們人生中的重要養分。

《初戀那件小事》
電影預告

愛上變身情人

發現自己
與別人的內在美

愛上變身情人（The Beauty Inside）

- 類型：劇情片
- 說明：南韓、2015 年、127 分鐘
- 分級：保護級

故事內容

男主角 18 歲時突然出現超能力，一覺醒來就會變成另一個人，可能是小孩、老人、女人與外國人等，有時年輕帥氣、有時老態龍鍾，他每天都要適應不同的自己。這樣的他有資格談戀愛嗎？直到遇見氣質出眾的女主角，他決定在自己變成最帥的一天去追求她，但這個祕密如何讓對方愛上他？戀情又該如何繼續？

▶ 影片的亮點

　　本片改編自美國半導體公司英特爾與日本東芝株式會社合作的微電影廣告，引領觀眾透過劇情發展探索愛情千奇百怪，並在多變感情樣貌裡反覆思索「喜歡」與「愛」的意義。本片延攬二十多位知名日、韓大咖明星客串演出，是少見饒富新意又亮眼的愛情故事，被翻拍成多國影集。

▶ 向角色學習

　　禹鎮：因為「每天都會變成不同人」的祕密，讓他不敢規劃未來，也難以建立人際關係，逐漸成為離群索居的宅男。直到遇見心儀對象，終於必須正視問題而深陷矛盾與兩難。「超能力」暗喻每個人難以啟齒的隱疾，因不易被理解而在尋愛過程躑躅。

　　怡秀：個性仁慈、溫柔、細膩，而且工作認真的家具銷售員。面對禹鎮的「每天都會變身」，她從原本的心動逐漸變成心痛，終致對未來充滿無力感而走向分手。由於對愛的執著，她在沉澱後鼓起勇氣尋回禹鎮，並且決定攜手未來。

　　上博：禹鎮的小學同學，是唯二知道他變身祕密的人。兩人合作事業創造家具品牌，他負責對外溝通與銷售，讓禹鎮過著隱藏自己的獨居生活。

　　媽媽：雖然出場時間不多，卻是劇情重要關鍵。她親口說出禹鎮的變身來自父親的遺傳，並坦承自己因為受不了丈夫每天會變身而選擇分離，埋下男女主角分手及破鏡重圓的伏筆。

　　　　　　　　　　　　　　　　　用電影和孩子一起學會愛的能力

▶️ 引導式提問

Q：英文片名「The Beauty Inside」與中文片名「愛上變身情人」有何意義？

A：英文片名「The Beauty Inside」可解釋為「內在美」，重點在探討喜歡對方是因為他的外表或內在。雖然外表攸關交往與否的第一印象，但美好外表並非永恆，個性與內在才是長久相處關鍵，畢竟無法一廂情願期待一個人永遠不變。

中文片名「愛上變身情人」則是站在女主角立場思考，探討愛上每天都在變換的人該怎麼辦？確定自己的心意、清楚為何愛對方，就是自我探尋的過程，學會克服糾結，進而變得勇敢、堅強，才是情感成長的開始。

Q：你喜歡男主角的特異能力嗎？有什麼優缺點？

A：禹鎮每天變換一張臉，變成帥哥時把妹無往不利、變成女人時可以同理女性身心狀態，這是超能力的優勢。但他最後決定放手的原因，就是明白繼續下去會對怡秀造成傷害。

「每天改變」讓禹鎮不受年齡、性別及國籍等限制，可以理解每一個人。但因為祕密不能公開，所以難以和他人建立長久關係，終致陷入自我封閉的孤獨。

Q：禹鎮為什麼有愛情困難症？我們也有什麼症狀嗎？

A：「每天變成不同的人」既讓自己困擾，也讓他人困惑，因而沒有勇氣追

求愛情，除非一直不睡覺保持清醒。這樣的遺傳超能力造成禹鎮的心理障礙，導致他缺乏自信，始終無法自信尋愛。

其實每個人都有愛情困難症，由於發展戀情需具備一定的時間、個性與經濟等穩定條件，因而讓禹鎮的尋愛之路更加艱難。

Q：怡秀的心境有何轉變？為何最後決定去布拉格尋找禹鎮？

A：電影從怡秀主動告白開始。初交往時，怡秀很享受禹鎮變身所帶來的浪漫與樂趣，直到在大馬路上被變身後的禹鎮碰觸而驚嚇，終於浮現兩人交往的問題：她永遠無法將他介紹給朋友認識。直到怡秀因為「一直跟不同人約會」而飽受水性楊花等流言蜚語所苦，終於讓她在聽完禹鎮媽媽的經驗分享後決定分手。

分手後怡秀失去生活重心，但也更清楚內心想法，於是前往布拉格尋找禹鎮。見面後，她以一句「換成我來照顧你」說服禹鎮，兩人決定攜手面對未來。

Q：「愛」和「喜歡」有何不同？什麼是真正的愛情？

A：「喜歡」是對他人產生莫名好感，但要達到「愛」，則必須通過時間考驗，歷經相互了解、培養默契等磨合後，才有機會進入承諾階段。「愛」就像是兩人面對面的雙人舞，必須配合場地、節拍一起行動，在進退、往返的過程中，搭配默契才能順利進行，進而將舞跳得愉悅。

看似浪漫的愛情故事背後往往充滿挑戰，除了要面對不同的國籍、年齡，相同或相異的性別，還有階級、外貌等考驗，確定自己能否接受全部的

用電影和孩子一起學會愛的能力

對方。跳脫出禹鎮不斷改變的外在，我們也在他幫怡秀設計椅子的細膩體貼過程中看見他的愛，這才是怡秀認定除了禹鎮再也找不到另一個靈魂伴侶的原因。

《愛上變身情人》
電影預告

樂動心旋律

失去與獲得
都是人生的一體兩面

樂動心旋律（Coda）

- 類型：劇情片
- 說明：美國、2021 年、111 分鐘
- 分級：輔 12 級

故事內容

生長在聽障家庭的露比，是家中唯一的聽人，因此必須幫忙家人工作捕魚，身上總是充滿魚腥味，因而在學校遭到霸凌。直到她發現自己對歌唱無法自拔的熱情，也開始在夢想與家庭的抉擇之間來回拉扯。如何讓家人「聽」到她的歌聲與心聲，並且支持、祝福她離家追夢？電影敘事青少年面對同儕壓力及家庭經濟困境時的迷惘，最後努力為自己譜出另一段愛的樂章。

▶ 影片的亮點

　　本片是奧斯卡金像獎的大黑馬，同時獲得最佳男配角、最佳改編劇本與最佳影片等大獎，是少見完整探討聽障族群該如何被適當關注的影片。劇情溫馨感人引起很大迴響，不僅創下蘋果 Apple TV+ 的高價購買紀錄，也是電影史上第一部在線上平台首播的奧斯卡最佳影片。

▶ 向角色學習

　　露比：從小被當做是「免費翻譯機」，長期被家人以「需要幫助」為由進行情緒勒索。直到在學校唱出美麗的歌聲、受到音樂老師的鼓勵，才逐漸突破自我框架，決心追求音樂夢想。雖追夢過程備受阻撓，但父母透過她比手語的方式「聽」到她的心聲，最後終於放手讓她勇敢追夢。

　　爸爸：在家幽默風趣，對外則因聽障缺陷而畏縮不前。面對工作一再被剝削，終於忍不住站出來，自行開設漁獲合作批發商來抵抗大盤商。原本他不希望露比離家，但看到女兒在學校音樂會的演出後，終於明白她內心的想法與為難，進而放手讓孩子追尋自我。

　　媽媽：搞笑、活潑又性需求強烈的女性，比起其他家人更依賴女兒。在知道露比是個聽人[註3]後非常擔心、難過，生怕母女之間會因此產生隔

註3：「聽人」是聾人對聽覺正常者的稱呼。

閣，因為那正是她與母親的關係重演。後來她看到露比的努力，在稱讚她勇敢的同時，終於明白女兒與自己完全不同。

哥哥：脾氣暴躁衝動，常覺得自己的意見不被重視，甚至還因為覺得爸媽忽略、歧視他而心有不甘，但卻是家中唯一會鼓勵露比勇敢追夢的人。

音樂老師：看似嚴厲又吹毛求疵，其實一直幫忙露比找各種演出機會，希望她成功圓夢。他看出露比受限的框架，想盡方法教導她並激發潛能，同時也讓她明白唱歌不是要追求完美，而是要唱出自己的心聲。

▶ 引導式提問

Q：本片與原版法國電影有何差異？聽障演員演出能打破哪些刻板印象？

A： 在原版法國電影《貝禮一家》中，主角家人在牧場工作，而《樂動心旋律》則是為了符合美國情境，將他們的職業改為漁民。漁業在當地是夕陽產業，面臨就業與收益問題，具體顯現露比一家的經濟困境。同時，劇中也將原版電影裡的古靈精怪弟弟改為滿腔怒火的哥哥，做為露比尋夢路上的有力支持。

飾演媽媽的演員瑪麗・麥特林，是奧斯卡影史上最年輕影后，她本身是聽障人士，對劇本提出很多建議，如實還原聽障人士的日常生活，讓社會大眾明白他們既懂得搞笑，也會說黃色笑話，因而讓本片自然流露更真實、動人的情感。

Q：露比如何平衡家庭與夢想的兩難？我們如何和家人有效溝通？

A：露比的難處包括：家庭困境、學校生活太過邊緣得不到認同，以及內心渴望自由。但她擁有天分足以發光、發熱，明白眼前要改變的不只是家人，還有自己，也認清放下憤怒、打開心靈，才能挹注支持力量，鼓舞自己勇往直前。

Q：為什麼男同學反而羨慕露比的家庭？露比家一起渡過哪些難關？我們的家庭關係又是如何？

A：當露比和愛慕的男同學在家練唱時，爸媽卻在隔壁高聲大做魚水之歡，事後又在客廳沙發上大談保險套。男同學很羨慕露比家百無禁忌無話不談，也明白她爸媽感情很好。但露比來自聽障家庭，自卑感作祟讓她看不見自己家的優點。

露比的家人對她過度依賴，使她在逐夢過程面臨兩難。最後父兄終於勇敢對抗工作上的不公平，露比也得以邁開追夢腳步贏得人生翻轉。本片帶給亞洲家庭許多思考，家人發自內心溝通與理解，才是維繫家庭關係緊密的關鍵。

Q：露比演唱的兩首歌曲有哪些弦外之音？

A：〈妳是我需要的一切〉（You are all I need to get by.）是露比與同學練唱的情歌，象徵情竇萌芽。這首歌在學校音樂會上表演時備受感動，可惜只有露比家人無感。爸爸隱約察覺到露比的唱歌才能，回家後透過雙手觸摸露比脖子上聲帶位置的方法，終於感受到彼此相互扶持的心意。

〈一體兩面〉（Both sides now.）是露比參加大學徵選的演唱歌曲，從一開始膽怯到第二次重新開唱，她在演唱過程中同時打出手語幫助家人聽賞，將歌曲層次昇華成人生際遇體悟，起落、輸贏、付出及所得都是一體兩面。

Q：電影中有哪些感人的哭點？我們與家人有哪些重要時刻值得被記錄？

A：露比問媽媽，是否希望自己的女兒也是個聽障人士。媽媽坦承不諱，理由是因為母女情深，希望彼此沒有隔閡。

後來爸爸請露比唱歌給他聽，並將雙手放在露比脖子上的聲帶位置，藉著聲帶震動感受愈來愈大的歌聲，體悟到彼此的心情與痛苦。

另外在露比參加考試時，邊唱邊比手語給家人「看」，藉由手語溝通情感表露無遺，終於找到自己與家人之間的平衡。

《樂動心旋律》
電影預告

用電影和孩子一起學會愛的能力

藍色大門

打開你我的心門
迎向彩色的未來

藍色大門（Blue Gate Crossing）

- 類型：劇情片
- 說明：台灣、2002 年、82 分鐘
- 分級：保護級

故事內容

孟克柔喜歡同班的閨密林月珍，但對方卻喜歡學校的男同學張士豪，並且希望克柔幫她告白。但張士豪真正喜歡的人卻是孟克柔。走過這段青春年少的三角風暴關係，他們長大後會成為什麼樣的大人呢？

▶ 影片的亮點

這部片上映時是千禧年的第二年，當時台灣電影正從谷底反彈，本片從大製作、軍教與搞笑等影片中殺出一條清新、浪漫的小品之路，感動無數年齡層觀眾，頻頻回顧自己的青春時光。此片也是大明星陳柏霖與桂綸鎂的銀幕處女作。即使 20 年後的今天依然散發光彩，為人津津樂道。

▶ 向角色學習

孟克柔：生長在單親家庭的孩子，喜歡同學林月珍，卻被她委託送情書給張士豪。原本心裡有許多無法說出口的祕密與真相，最後卻可以告訴張士豪。成長過程中的情感受創，讓她逐漸成為更勇敢的自己。

張士豪：帥氣活潑的陽光大男孩，臉上永遠帶著燦爛笑容，總是千篇一律的向別人自我介紹：「我叫張士豪，天蠍座 O 型，游泳隊、吉他社，我還不錯啊！」當孟克柔與他交換祕密後，他也大方分享自己尿尿會分岔的私事。

林月珍：孟克柔的好友，充滿少女情懷，喜歡張士豪的程度嚴重到會在筆記本上寫滿他的名字，甚至癡迷的收集他用過的垃圾，但卻羞於表達。個性執著，就算是心碎，也要華麗轉身。

面具：當月珍的感情被拒絕後，她要求孟克柔把張士豪的面具戴在臉上，假想自己跟張士豪一起跳舞。但此時此刻對孟克柔來說，雖然臉上戴著面具，內心卻希望以真實身分與自己喜歡的月珍共舞，明明場景只有兩

個人，卻充滿三個角色交織而成的複雜情緒，是劇中很厲害的意義象徵與橋段鋪陳。

▶ 引導式提問

Q：《藍色大門》的片名有什麼含意？

A：「藍色」像水一般透亮，有如青春年少簡單純粹，也表示成長過程中的內心糾結與哀愁，或是代表陽光燦爛的夏天。電影裡出現很多暗示「藍色」的地方，包括海邊、游泳池與藍色調的打光等。

而「門」則象徵必須勇敢邁開的步伐，不管單戀、暗戀或失戀，都要勇敢跨越出去，才能走進人生下一個階段。

Q：角色在尋愛路上歷經哪些過程及掙扎？你有什麼樣的感觸？

A：為什麼陽光大男孩與中性義氣女不能在一起？因為他們都喜歡女生。在隱晦的表現下，面對「友情已達、戀人未滿」的情感，到底要不要更進一步？內心最掙扎的人就是孟克柔了，她嘗試與張士豪約會、牽手或接吻，其實都是在探索自己的性向，內心的祕密是最辛苦的掙扎。

張士豪經常重複著自信的一句話：「我還不錯啊！」其實是對自己追不到孟克柔的質疑。至於林月珍，則是糾結在私下努力，但缺臨門一腳，同時又怕被拒絕的恐懼之中。對她而言，被拒絕是恐怖的地獄，代表美夢幻滅。如果世界更放開，能否幫助他們更勇敢呢？

Q：男女主角交換了什麼祕密？你有類似經驗嗎？

A： 夜深人靜時，孟克柔提議分享祕密，直到張士豪分享自己尿尿會分岔，孟克柔才說出喜歡林月珍的心事。後來兩人在禮堂內互推椅子攻擊對方，像是將壓抑的內在情緒全部爆發，因為張士豪糾結於孟克柔所說的話的真假，而孟克柔則糾結於自己要不要出櫃？經歷如雷雨般的溝通後，兩人才真正釋放內心糾結。

Q：電影如何處理青春期的愛情陣痛？你想成為什麼樣的大人？

A： 孟克柔從海邊回來後，躺在媽媽身旁心死的問：「當年爸爸離開時，妳是怎麼活過來的？」媽媽回答：「我不知道，就這樣活過來了。」孟克柔接著又說：「好希望趕快看到那一天。」媽媽聽完則反問她：「妳是失戀喔？」

什麼是成長？成長代表某一部分的自己已經永遠消失，我們也變得愈來愈能夠承受哀傷。在此鼓勵面對情感受創的孩子，給自己處理崩潰失落情緒的機會，同時也花一些心力想像未來的自己，然後繼續往前走。

Q：你喜歡電影的結局嗎？這樣的安排有什麼隱喻？

A： 電影尾聲，張士豪與孟克柔又如常的在陽光下騎著單車。張士豪表示，多年後如果孟克柔開始喜歡男生了，一定要第一個告訴他。而孟克柔則有自己的 OS：「幾年後的他會變成什麼樣子？可能更帥吧？」她想像張士豪站在一扇藍色大門前，笑著朝自己跑過來……

電影最後出現的黑畫面，呼應開場時孟克柔和林月珍閉上眼睛想像未來

的景象。「閉著眼睛我看不見自己，但是我卻可以看見你。」相知相惜的兩人，不見得一定要在一起，沒有結局的愛情，反而在藍色大門的另一端慢慢展開，告訴我們把握青春當下，勇敢去經歷與受傷……

《藍色大門》
電影預告

那年，我們的夏天

記錄感動瞬間
珍藏溫暖人間

那年，我們的夏天
（Our Beloved Summer）

- 類型：影集
- 說明：南韓、2021 年，共 16 集
- 分級：輔 12 級

故事內容

全校第一名的女同學與最後一名的男同學，被迫成為紀錄片的男女主角。兩人從互看不順眼，到最後成為歡喜冤家，期間經歷多次分合。直到分手五年後紀錄片重新開拍兩人再度見面，雖然仍愛著彼此，內心卻各有創傷。這一次他們的感情能有圓滿結局嗎？

▶️ 影片的亮點

編導從真實紀錄片獲得靈感，融入青春校園愛情故事編劇而成。雖是破鏡重圓故事，但主角從高中到出社會工作的心境轉變與對照觸動人心，必須克服原生家庭帶來的心魔與創傷，才能得到幸福。影片共 16 集，前 15 集以不同電影為名表達致敬，產生會心趣味。此劇原本未受矚目，隨著劇情愈來愈精采，最後還登上好幾個國家 Netflix 收視排行榜冠軍。

▶️ 向角色學習

崔雄：以「高午」為筆名的不露臉知名插畫家。高中時的成績全校墊底，卻是學校圖書館借書次數最多的學生，充滿矛盾。小時候被父親拋棄，雖在養父母的關愛下成長，卻難以擺脫膽怯個性，致使愛情離他愈來愈遠。直到與國延秀重逢才開始獨立積極，慢慢揮別過往陰影。

國延秀：念書時努力爭取第一名，出社會後在小公司擔任行銷組長，總是獨來獨往，工作認真而且個性好強，但這些都是她獨自撐起破碎家庭所偽裝的盔甲。只有崔雄看出她的脆弱，最後在理解與包容的依靠下打開心、卸除武裝，相信自己值得擁有幸福。

金志雄：跟崔雄一起長大的好友，也喜歡國延秀，長大後在電視台工作，後來承攬拍攝崔雄、延秀成長紀錄片的導演工作。他總是擔任別人生命中的配角，不料自己也逐漸變成主角，不得已拍攝長期疏遠的母親臨終紀錄片，因而找到破解人生魔咒的方法。

NJ：當紅知名偶像，被崔雄直率且溫暖的個性吸引。雖是延秀的情敵，卻不耍賤招，面對酸民誹謗也懂得「硬」起來，很會自圓其說，能在遭遇挫折時迅速處理悲傷情緒，她在影集中說過的話很適合提供給大人鼓勵孩子。她曾說：「我第一次嘗試單戀，每天張開眼睛就充滿鬥志。將所有瑣碎的事都賦予意義，讓自己變成重要的人。」因為喜歡一個人，其實就是一種幸福。

朴東日：第一部紀錄片的導演，也是志雄的前輩，看起來吊兒郎當，卻默默對志雄照顧備至，希望他不要重蹈自己的覆轍。他說：「紀錄片導演表面上看起來像是觀察者，其實拍攝的角度與取材都是導演最私人的視角。」他認為拍紀錄片的意義是為了留下來的人，因為帶著回憶繼續生活的人是他們。

▶ 引導式提問

Q：紀錄片在這部影集裡扮演了什麼樣的角色？你最想記錄自己生命中的哪個片段？

A：如同東日導演所言，紀錄片的重要性在於「記錄人生某一瞬間並將其珍藏，是一件有意義的事情。」也就是說，導演透過自己的視角進行拍攝與取材，為留下來的人記錄回憶並且珍藏於心，讓他們可以帶著回憶繼續生活。

紀錄片是劇中貫穿劇集的重要媒介，男女主角的相戀、重逢與結局都隨著紀錄片而完成。

　　　　　　　　　　　用電影和孩子一起學會愛的能力

拍攝多年後，藉由紀錄片重播，才真正看到自己人際相處過程中不順與痛苦的主要來源。透過身邊不同人的評論、解釋拼湊出不同觀察，甚至更接近事件真實全貌。

Q：每一集的標題分別代表什麼意義？劇情的題材與靈感來源又分別來自哪些電影？

A：前 15 集的標題，分別來自 15 部知名電影，致敬意味相當明顯。題材包含愛情文藝、驚悚、警匪、歌舞及戰爭等各種影片類型，涵蓋歐洲、美洲與亞洲各國經典名片。

這部影集總共有 16 集，第 1 集以《是誰搞的鬼》做為開場。而台灣電影《那些年我們一起追的女孩》，以及《不能說的祕密》也占了其中的兩部。

其他還有《戀夏 500 日》、《對面的惡女看過來》、《傲慢與偏見》、《愛在日落巴黎時》、《神鬼交鋒》、《曼哈頓練習曲》、《愛是您‧愛是我》、《美麗人生》、《三個傻瓜》等。最後一集《那年，我們的夏天》則回敬整個製作團隊。

Q：在這部影集中男女主角的角色設定有什麼趣味性？其中又暗藏了哪些性別議題？

A：韓劇男主角大都霸道又「高富帥」，女主角則不脫「傻白甜」形象，但這齣戲則將兩者完全對調。

崔雄總是消極無為、安於現狀，延秀則是積極強勢、勇往直前。從求學時期延秀幫助崔雄讀書，再到她出社會工作後揹起酒醉的崔雄回家等橋段安排，都跳脫以往戲劇角色框架，希望更切合現實生活中的年輕男女表現，帶給觀眾不一樣的啟發。

Q：男女主角在原生家庭裡有何缺憾？他們如何克服自己的心魔重新開啟第二人生？

A：遭生父遺棄的崔雄，雖在養父母的溫暖關懷下成長，卻擺脫不了「借別人的人生」活下來的愧疚。

延秀與奶奶在生活匱乏中相依為命，讓她自覺必須扛起經濟重擔，她不交朋友、不談感情，就是為了減少花費。

志雄雖然從小跟著媽媽一起生活，但媽媽大部分的時間總是忙於工作而疏遠兒子。

原生家庭對崔雄、延秀與志雄帶來的情感忽視及經濟壓力，都成了三個人心中難以抹滅的巨大陰影。唯有透過彼此的愛情與友情互相扶持，這些陰影才能逐漸消散。

Q：主角如何在尋愛過程中找到失落的人生拼圖？我們的人生中也有失落的拼圖嗎？

A：志雄最後敢直接面對媽媽，一一道出小時候的心裡委屈。妍秀也終於願意對崔雄透露，當年分手時的家庭處境。而崔雄則向養母坦白，因為內心害怕讓她與養父失望，所以總是裹足不前。

用電影和孩子一起學會愛的能力

這些愛的坦白讓他們更加看清楚，原以為自己人生中失去的拼圖，其實一直都在身邊，只是自己有沒有勇氣撿拾而已。人生的重點不在尋找失落的拼圖，而是在尋找過程的得、失之間，成為獨一無二的自己。

《那年，我們的夏天》
影集預告

延伸片單特搜
〈尋愛〉篇

1.《元素方城市》Elemental

將風、水、火、土等地球元素擬人化成為奇幻城市，把水火不容的設定巧妙融合「羅密歐與茱麗葉」的情節，將情竇初開與家庭束縛議題相互輝映成精采動畫。

美國 /2023 年 /109 分鐘 / 普遍級

2.《星空》Starry Starry Night

改編自台灣作家幾米的同名繪本作品《星空》，面對原生家庭分崩離析，青春期少男、少女沉浸在繽紛魔幻的奇想世界，懷抱人生美好缺憾，走向未知未來。

台灣 /2011 年 /99 分鐘 / 保護級

3.《小嫉妒》Ama Gloria

榮獲台灣國際兒童影展最佳劇情長片獎殊榮，敘事從小失去母親的小女孩和黑人保母之間的情感依附故事，以溫暖風格、生動演技，述說孩子都需要愛的澆灌。

法國 /2023 年 /84 分鐘 / 普遍級

4.《理性與感性》Sense and Sensibility

李安導演奠定國際影壇地位首部作品，改編英國小說家珍・奧斯汀的同名佳作。眾多金獎巨星參與演出，探討兩姊妹在理性和感性交戰中如何追尋自己的愛情。

英國 /1995 年 /136 分鐘 / 普遍級

5.《愛在黎明破曉時》Before Sunrise

《愛在三部曲》的經典第一章，兩位旅人在開往維也納的列車上相遇，經過一晚

共處，心靈契合的兩人未來能否再見面？尋愛必看的經典之作。

美國 /1995 年 /101 分鐘 / 普遍級

6.《七月與安生》Soul Mate

金馬獎唯一雙料影后，兩位女孩愛上同一位男生，細膩刻劃愛情與友情的雙重交織，深入探討女性成長及自我認同等議題，彷彿一同走過無瑕的青春歲月。

香港 /2016 年 /110 分鐘 / 普遍級

7.《千年女優》Millennium Actress

與《神隱少女》並列動畫神作，描述女演員穿梭時空、傾盡生命之力追尋摯愛的故事。劇中建構豐富寓意，於愛情之外，更看見人生無常。

日本 /2001 年 /87 分鐘 / 普遍級

8.《女子漢的顛倒性世界》Jacky in Women's Kingdom

大膽挑戰禁忌議題，以荒誕奇想方式顛覆權力國度，走進性別錯置的穆斯林世界，女人招親選夫的情節讓人莞爾，也啟發不同況味。

法國 /2014 年 /87 分鐘 / 輔 12 級

9.《艾蜜莉的異想世界》Amelie

溫馨感人的大師經典作品，善良熱心的艾蜜莉默默行俠仗義改變大家的命運，但是否也成為自己生命中的遺憾呢？帶給別人幸福的人，神必定會有幸福的安排。

法國 /2001 年 /122 分鐘 / 輔 15 級

10.《單身動物園》The Lobster

英國電影《可憐的東西》導演的奇想作品，未來世界中單身有罪，脫單失敗者將變成動物流放森林。反烏托邦社會的設定，質疑社會現存的價值觀。

希臘 /2016 年 /118 分鐘 / 輔 15 級

愛的能力　第三課

觀愛

網路世界迷惘深

危險情人陷阱多

觀察感受慢慢來

構建新世代的自我防護罩

保障自身交友安全

觀愛

建立性平意識
理性面對情感

　　進入網路世界或人際關係前,都需要張開眼睛仔細觀察,確認虛擬世界的人或打算交往的對象是否適合自己。本章強調網路世代的情感交流議題,因此選片內容與網路相關,希望預先為孩子建立網路防護罩。

　　科技發展趨勢無法逆,我發現許多學生國小中年級就開始交網友,而且女生也很喜歡打電動,他們會在網路上與陌生人組隊打遊戲,進而有機會認識不同國籍的網友。網路詐騙事件層出不窮,讓我警覺必須從四年級開始給孩子「防護傘」,建立正確觀念先打預防針,讓他們學習心靈防身術。

　　我自己的交往對象也是透過網路認識的,在生活與工作的有限空間中,網路紅娘提供現代人更多交友機會。但是如果認知不足,很可能沒有保護好自己而受騙上當。台灣近期也發生女生與網友見面,但現場卻被網友以「本人長相與網路照片差異太大」為由而丟包。過去也曾發生網友進一步交往後,才發現對方是危險情人的事件。

　　與網友見面前,需要學會哪些網路禮儀?必須懂得什麼樣的人際分際?如何判斷對方是不是「危險情人」?幾年前的賣座電影《當男人戀愛時》,看得觀眾滿心浪漫。但站在心理師的立場來看,男主角對待女主角不過是「霸道總裁」式的獨裁。

劇中的女主角，不但在情感關係裡「被迫接受」，就連男主角生病也不知道，最後人都過世了，還要照顧對方的爸爸。這不就是數十年前的性別舊觀念嗎？女主角雖擁有愛情，但真的得到幸福嗎？

無獨有偶，金馬獎電影《消失的情人節》的故事很有創意，但也被網友挑毛病，女主角在時間停止狀態下，男主角不但任意搬動她的身體，甚至還想親吻她，這不是侵犯身體自主權嗎？再看 Netflix 的日本實境節目《雙層公寓》，女主角因某些事件遭網友攻擊，導致後來自殺身亡悲劇收場。這就是我們強調網路交友議題重要的原因，在進入一段關係前，不要像電影中的主角一股腦兒飛蛾撲火，為了避免衝動失去理智，必須一點一滴、日積月累學會觀察。

▍現實生活裡的「七月與安生」

我觀察到六年級的孩子往往已有暗戀或想要相戀的對象，對方不是同校同學，就是在安親班、補習班認識的人。曾教過一對同班的「好姊妹」，兩人各方面表現都很好，偏偏同時喜歡上別班的一位帥哥，於是上演姊妹鬩牆戲碼，彷彿是國小版的《七月與安生》。

兩人私下都跟我吐露：「那個某某很過分，明知道我喜歡誰，偏偏也要喜歡他。」我告訴她們：「妳們都來跟我講，表示都有心聲想讓對方知道。」我把兩人找來對她們說：「妳們每個星期都跟我說，那個喜歡的男生現在的女朋友是誰，結果每個星期都不一樣。奇怪耶！妳們為什麼喜歡他？」接著我又說：「我們班上那個男同學，身高 180 公分，而且又帥又善

良,功課和體育都厲害,妳們為什麼不喜歡他?還有這個、那個也都很好,為什麼不喜歡自己班上的同學,偏要去喜歡別班的人?」

這就是「距離產生美感」。我說:「因為不同班,距離讓妳們看到他的帥,如果他又懂得欲擒故縱,那妳們就完了。」後來兩個女生在小週記上寫道:「聽老師講完,上課時會注意一下老師點到的男生,觀察後覺得老師說的沒錯,他的確很可以。」

鬧牆後一星期她們又來找我,開心的表示:「我們和好了。」我問她們:「為什麼?」兩人回答:「因為那個男生又喜歡別人了。」我說:「對吧?劇情都是這樣發展,妳們才六年級,有好感就好,不一定要成為男女朋友。」太多電影劇情告訴我們,姊妹不要喜歡上同一個人,若因此破壞彼此感情,才是最大的損失。

▌確認彼此的「愛情三角」,為感情加溫延長保鮮期

美國耶魯大學心理學協會羅伯特‧史坦伯格(R. J. Sternberg)教授,曾在 1986 年發表「愛情三角論」,把愛情比喻為正三角形,3 個頂點分別是親密、激情與承諾。完全的愛,必須平均且穩定的包含這三大元素。

一、親密:包含喜歡、親近、關心與信任等心靈契合,是鞏固彼此關係的樞紐。

二、激情:包含強烈吸引、注重浪漫與渴望接觸等情緒。

三、承諾:不僅是擁有維持長期關係穩定、增進默契及負責任的想法,更是有意識決定彼此關係的堅持。

現代人所謂的「戀愛腦」，就是腦中充斥大量多巴胺、腎上腺素和苯乙胺，因而對某人產生迷戀的興奮與愉悅等感覺，但這些感覺都會隨時間而遞減，因此需藉第三者幫自己認清現實，確認雙方的「愛情三角」是否一致，兩人的情感與幸福感才會與日俱增。

本章聚焦網路世界的迷惘，以日本動畫電影《龍與雀斑公主》做起手式，同時涵蓋英國紀錄片《Tinder 大騙徒》，藉此了解網路危險情人手法。而入圍奧斯卡金像獎的英國電影《名媛教育》與印度電影《愛情角力》，則透過不同國家的多元文化，培養孩子的性別意識。在情感關係中，不要迷失自我或被對方影響，自溺自虐的感情雖然痛快，卻無法長久。

龍與雀斑公主

穿梭虛實世界
重啟未來人生

龍與雀斑公主（Belle）

- 類型：動畫片
- 說明：日本、2021 年、121 分鐘
- 分級：普遍級

故事內容

本片以美國迪士尼動畫《美女與野獸》為靈感。講述自小失怙少女小鈴的故事，她失去唱歌的自信，但進入網路 U 世界後卻成為超人氣歌姬貝兒，還遇到龍，開啟現實生活與虛擬世界之間相互拉扯的冒險旅程。現實人生藏著心靈創傷、人際關係與家暴等問題，小鈴從虛擬世界獲得力量，幫助自己重拾勇氣。

▶️ 影片的亮點

導演細田守被譽為日本動畫師宮崎駿的接班人，這是他第二部網路相關作品。以豐富想像力打造 U 世界細膩、引人入勝的魔力，搭配繽紛色彩及傑出聲光效果創造元宇宙概念。同時探索自我與成長故事，巧妙結合網路霸凌與家暴議題，釐清「誰才是正義者」的迷思。

▶️ 向角色學習

小鈴：外表平凡的高中女生，媽媽意外過世的創傷導致她退縮、缺乏自信，無法經營同儕關係。進入網路 U 世界後，她搖身一變成為超級歌姬，幫助現實中的自己重新振作，也拯救在東京被家暴的網友。

貝兒：爆紅的知名歌姬，小鈴在 U 世界的分身。由於真誠唱出心聲，產生感人肺腑的共鳴，因而讓人得到慰藉。小鈴也因此從虛擬世界獲得力量與自信，翻轉現實生活中的自己

龍：暴力又暴躁的怪獸，惠在 U 世界的分身。現實生活中的惠，長期面臨家暴、飽受壓力，又必須保護弟弟，孤獨、壓抑與無力致使他在網路世界化身成怪獸來破壞與發洩。

U 世界：虛擬的元宇宙，蒐集使用者資料演算後產生另一個虛擬身分在此活動，藉此激發個人潛力。使用者在 U 世界可以隨心所欲變成任何人。

忍：小鈴的青梅竹馬，個性木訥寡言，是學校的風雲人物。一直記著守護小鈴的承諾，總會適時出現支持小鈴，是個帶母性力量的溫暖角色。

▶ 引導式提問

Q：U 世界有什麼含意？如何呼應現今的世代？

A：U 世界讓使用者上傳所有資料，系統再依生物特徵為每個人生成特定角色，只要戴上耳機就可進入虛擬世界。生成的角色引導個人發揮潛能，形塑出社交平台上的「人設」。許多人在社交平台都有「第二個」自己，如何拿捏真實身分與網路分身之間的平衡，本片是很好的借鏡。

Q：本片如何致敬《美女與野獸》？兩者有何差異？美女與野獸分別是誰？

A：觀眾可能以為結局會像《美女與野獸》，小鈴和龍發展成青春愛情故事收場，但導演不全然以愛情做詮釋。《美女與野獸》的男女主角互相拯救對方，因為互動與互助不再敵對，鼓舞彼此人生繼續前進。片中小鈴同樣也在 U 世界及現實生活解救了龍。

觀眾可能覺得 U 世界裡的「美女」是貝兒、「野獸」是龍，其實小鈴在現實生活中也像受傷怪獸，需要「美女」忍解救，角色安排打破性別認知框架。「美女」與「野獸」代表每個人的外表或特質，與性別無關。

Q：為什麼小鈴媽媽會捨命去救陌生人？貝兒如何體會她的善良？

A：媽媽認為如果她不去，就沒有人可以幫助那個溺水的孩子。但是為了救別人的孩子拋下自己的女兒，也成了小鈴無法理解的傷痛。

小鈴在 U 世界拯救龍時，大家終於知道貝兒的真實身分。她的勇敢讓軟弱與哀傷轉換成勇氣與力量，理解媽媽與自己都是因為聽見微弱呼救聲

用電影和孩子一起學會愛的能力

奮不顧身救人，而那個求救聲可能就是自己發出來的。

Q：大家對結局有何看法？暗藏哪些弦外之音？你會怎麼做？

A：小鈴毅然決然獨自去找真實世界裡的惠，魯莽的舉動如同當年的母親。
但爸爸卻說：「這是為了重要的人吧？妳一定要成為他的助力。」默默
守候的爸爸，終於等到女兒願意走出創傷陰霾。
當小鈴用堅定眼神擊敗惠的父親時，也映照出他的惡劣行為，願意正視
自己長期對孩子情緒勒索及家暴等問題。幫助別人前要先衡量能力並且
注意安全，畢竟求援能力也很重要。

Q：我們有沒有覺察出自己在網路上戴著什麼樣的面具？

A：戴著面具並非壞事，因為上網時必須自我保護，不必全部公開隱私。如
果現實生活中的自己太過害羞內向，網路也給我們做「第二個自己」的
機會，甚至可以透過科技發揮才華，借助另外一個身分來幫自己成長。
虛擬世界仍需要「真誠」，才能互信交流。如果線上與線下的自己差異
甚遠，遲早會因為「人設」崩壞而引來酸民批評叫罵，那就得不償失了。

《龍與雀斑公主》
電影預告

Tinder 大騙徒

網戀變詐騙
真心換絕情

Tinder 大騙徒
（The Tinder Swindler）

- 類型：紀錄片
- 說明：英國、2022 年、114 分鐘
- 分級：輔 12 級

故事內容

Tinder 交友平台上自稱是「鑽石王子」的男人，利用富豪級約會方式贏得女網友的芳心，再捏造自己陷入危機詐騙錢財及感情。惡劣行跡遍布全歐洲，其中三位受騙女子決定聯手揭發惡行。

▶ 影片的亮點

堪稱是尋愛的警世片，比劇情片曲折離奇。帶領觀眾走進網路詐騙的龐氏騙局[註1]，看騙徒如何在浪漫、財富的糖衣包裹下，將尋愛女逼入人財兩失囹圄，並學習反擊破解騙術。在偽造網路身分詐騙案件頻傳的今天，每個人都必須了解網路陷阱與詐騙手段。

▶ 向角色學習

賽西莉：來自挪威，Tinder 資深用戶，線上交友經驗豐富，卻被西蒙騙到傾家蕩產。西蒙約她在高級飯店見面並與前任妻女同乘私人飛機，藉此取得信任，但之後便要求她申辦多張信用卡不斷借錢，導致她債台高築。直到了解自己被網路慣犯所害，決定揭發一切。

佩妮拉：來自瑞典，與西蒙維持「友達以上、戀人未滿」關係。西蒙用詐騙賽西莉的相同手法向她借錢，騙局揭穿後與賽西莉結盟蒐集證據，不畏酸民冷嘲熱諷讓事件備受關注。

艾琳：曾與西蒙論及婚嫁的前女友，看到報導後不敢置信他的罪行，但也已借出大筆金額。雖被騙得團團轉，仍設法讓西蒙誤以為自己還愛他，同時變賣西蒙的精品衣物做補償，最後迅雷不及掩耳讓他得到法律制裁。

註1：「龐氏騙局」是非法金融詐騙手法，利用將後期投資者的資金支付給早期投資者利息的操作方式，來吸引更多投資者受騙上當。

西蒙：自稱鑽石大亨之子，利用高顏值及炫富照片吸引女網友，安排奢華約會讓對方以為遇到真愛而掉入陷阱。殊不知外貌、體貼及財富都是他形塑的網路人設，也是他網路行騙無往不利的工具。

　　記者：少見願意完整報導該事件的媒體人，他抽絲剝繭深入調查，並與三位受害女性聯手取得證據，協助警方將西蒙緝捕歸案。

▶ 引導式提問

Q：在交友平台或社群網站上真的能遇到真愛嗎？

A：利用網路工具交友時，首先要明白自己的期待，畢竟有人想聊天、有人想找尋愛情，也有人想滿足慾望等。網路交友雖有風險，但不確定性也增添大眾探索的神祕慾望，讓人更想知道自己的期待會不會有「結果」。網路交友打破地域限制，但需隨時保持警戒。每個人都有能成為網路交友的受害者，特別是在渴望愛與被愛的情況下，因此必須保持謹慎、學習不對受害者落井下石，因為我們隨時可能是下一位被害的人。

Q：西蒙如何讓網友一步一步掉入陷阱？採取什麼樣的話術？

A：首先他快速讓自己「資訊透明」，表明離過婚、有女兒，讓對方卸下心防。然後再給對方超乎一般生活水準的驚豔感受，例如住高級飯店、乘坐豪華轎車及私人飛機等。接著祭出浪漫甜言蜜語與鮮花攻勢，讓對方覺得西蒙「只對自己特別」。最後表現脆弱，讓對方急得出手相救。

　　這種讓人先掉入浪漫氛圍，再落入死亡陷阱的手法，西蒙已操作得爐火

純青，因為他早已摸透女性的心理與弱點。破解詐術與話術的目的，並非要以二分法評斷網路交友好壞，而是希望大家「讀懂」詐騙的複雜。

Q：為什麼情感詐騙的受害者不敢告訴別人？

A：原因之一是背後的難堪與辛酸，說感情被騙好像貶低自己，深怕引來冷言與嘲弄。網友回應：「妳被騙，但也賺到了，他帶妳去……」彷彿透露「妳就是個愛慕虛榮的笨蛋」，讓受害者二度被傷害。

賽西莉後來覺察到，自己對愛情懷抱希望與渴望並沒有錯，錯的是那些詐騙慣犯。但她仍然相信愛情，之後也會繼續使用交友軟體。

Q：本片上映後出現哪些後續發展？帶來哪些影響？

A：本片上映後備受關注，西蒙淪落到吃商場剩菜、住青年旅館，形同過街老鼠。同時他的犯罪歷史也被挖出，包括：2011 年在以色列因多種罪名被通緝、2015 年在芬蘭被指控詐騙三位女性、2017 年被遣返以色列再度逃跑。最後西蒙被判刑 15 年，但由於新冠疫情縮減獄中人口，因此他入監 5 個月後就被釋放。

出獄後的西蒙成立網站提供商業建議，同時在個人 IG 恢復炫富生活，並累積許多鐵粉。不過他的帳號隨後就被移除，但好萊塢也因此對他產生興趣。由此可見詐騙犯超強的生存能力，提醒網路大眾更小心。

Q：我們該如何破解網路交友陷阱？

A：網路交友陷阱多，謹記以下原則：

1. 不要太快把真心交給對方，要多花時間慢慢相處。

2. 不要太相信自己的直覺。人在多巴胺分泌旺盛時，會降低警覺。可與親友多分享，讓他們成為阻擋詐騙的好幫手。

3. 考量本身能力，特別是經濟能力，不要無底線付出。同時要保持敏銳度，聽到對方家人生病要用錢、信用卡被停卡等說法可能都是假的。

4. 相信自己值得被愛，而非只能被「他」愛。要相信一個人也可以過得很好，並非要在一段關係中才有存在價值。

5. 網路交友有好有壞，建議多與「真人」及團體建立真實的人際關係。

Q：使用社交平台及交友軟體時應該注意什麼？

A：使用社交平台及交友軟體時，需留心以下提醒：

1. 網路上的人設都可被創造，照片與生活都可作假，要抱持懷疑心態。

2. 明白「當局者迷、旁觀者清」的道理。

3. 不要被罐頭訊息^(註2)所騙，每天定時噓寒問暖其實都可機器設定。

4. 當兩人變成情侶時，需觀察對方是否還在使用交友軟體。

5. 就算彼此情感穩定，談到「錢」最好還是有所保留。

《Tinder 大騙徒》
電影預告

註 2：「罐頭訊息」是指系統提前編寫、設定好的內容，方便使用者一鍵按下後即時傳送給對方。

親愛的大衛

網路異色小說
掀起家庭校園風暴

親愛的大衛（Dear David）

- 類型：劇情片
- 說明：印尼、2023 年、118 分鐘
- 分級：輔 12 級

故事內容

學霸拉芮絲暗戀大衛，於是匿名在網路部落格上寫性幻想小說，卻在不留意的情況下被分享出去，引爆軒然大波，全校都在拜讀與談論。校方覺得受到打擊並且影響校譽，抽絲剝繭後竟發現拉芮絲、大衛與達蘭有著難解的三角關係，這個事件最後如何收場？

▶ 影片的亮點

　　本片以青少年的立場，探討成長過程中最困擾、最想了解的愛與性議題，因為跟網路有關，連帶也探討網路資訊倫理與資安問題。劇中主角面臨兩難困境，很適合孩子從中理解不同觀點，養成思辨能力。透過學校、旁觀者、當事人與家長等角色來理解青少年的心理，每個人都可以看到自己的影子而心有戚戚焉。此外，本片突破以往印尼電影的大膽尺度拍攝手法，也讓人眼睛為之一亮。

▶ 向角色學習

　　拉芮絲：「乖乖牌」的資優生，學生會重要幹部。因暗戀大衛而在部落格上創作情慾小說，被發現後生活天翻地覆，但跌撞過後勇敢認錯，成為願意挺身而出為自己與他人抗議發聲的堅強女性。

　　大衛：個性善良、溫柔的學校足球健將，小說曝光後受到眾人注目。由於童年創傷而罹患恐慌症，因此處理成長傷口的過程中更能深刻體會。

　　達蘭：因為外貌美豔、性感，不時遭受言語霸凌，還被亂扣「放蕩」的帽子，就連校長都欺負她。她心裡一直壓抑對拉芮絲的特殊情感，最後終於勇敢表達。因為誠實面對，贏回拉芮絲的友情。

　　網路：引發劇情產生連鎖效應的重要角色。原是女主角個人創作的私密天地，但當作品被惡意公開後，卻反而讓她遭受網路霸凌的批判與撻伐，顯示正反兩面力量，同時提醒我們注意網路資安問題，並且學習保護自己。

用電影和孩子一起學會愛的能力

▶️ 引導式提問

Q：電影主角的行為動機是什麼？你為什麼喜歡或不喜歡哪個角色？

A：拉芮絲是領獎學金又有文采的乖學生，但骨子裡藏著叛逆，壓抑時寫情慾小說來抒發心情。而大衛在陽光健美的外表下有顆脆弱的心，因幼時創傷未處理而罹患恐慌症。富家女達蘭則因為常在社交平台上發布性感照片而遭惡意攻擊，但其實她只想探索性向、找到更多自我空間。

人生無法完美，三位主角雖各有祕密與缺憾，卻有著探索愛與被愛的共同點。愛情無法強人所難，終究可以因為誠實與善良構建堅固情誼。

Q：片中的三角戀如何發展及處理？你在現實生活中有聽過類似故事嗎？

A：三角戀常出現在青少年的生活中。劇中大衛知道小說真相後，以此做為交換條件要求拉芮絲幫自己追求達蘭。後來達蘭願意嘗試與大衛交往，但卻對「利益交換」來的情感覺得憤怒。由於拉芮絲犧牲自己與好友，間接造成微妙、複雜又傷感的三角關係，她意識到必須負責勇敢認錯，並且說出心中想法，因此讓大衛常在賽前發作的恐慌症得到處理。而達蘭則是認知到不必用外表來證明自己的魅力，現實生活裡也可以維持自己的特色與風貌。一場混亂讓三人學會面對自己，從此變得更勇敢。

Q：最後拉芮絲上台跟全校道歉有什麼特別意義？

A：這是拉芮絲反思後負責任的表現。她沒有採取學校安排的內容，反而誠

懇對受影響的朋友逐一致歉並承擔一切後果，代表有能力抵抗外在壓力與批評。

拉芮絲認為，自己不該讓大衛成為大家的性幻想對象，更不該讓達蘭成為被人落井下石的受害者，因而大膽對學校提出指控，就算因此獎學金落空也不在意，只會讓她更有力量勇敢去做正確的事。

拉芮絲需要反思，不該在上課時使用公共電腦寫小說，但她的文采也因此被看見，滿足許多人情慾想像出口。她長大後果然成為作家，結局溫暖收場。

Q：面對青少年的愛與性，師長如何與孩子進行有品質的對話？

A：這是成長過程的重要課題與必修學分，因為私密而讓大人難以啟齒。可透過新聞事件探討正反面觀點，延伸大人的情感經驗，探討值得謹記的學習課題及慘痛教訓。也可善用好的文學、影視作品當做討論媒材。

討論時應保持開放、尊重態度，不要否定孩子的想法與感受，應依照年齡與理解做說明。不必呈現駭人數據或強迫接受大人觀點，要鼓勵分享、發問，從不同角度刺激思考，培養互相尊重、自主負責的能力。

《親愛的大衛》
電影預告

　用電影和孩子一起學會愛的能力

名媛教育

當最浪漫的事
變成一場情感的教訓

名媛教育（An Education）

- 類型：劇情片
- 說明：英國、2009 年、101 分鐘
- 分級：保護級

故事內容

高中生珍妮遇見中年富商大衛，展開愛情故事。對方帶她擠入上流社會，享受嚮往的文化與藝術生活。直到論及婚嫁，珍妮才發現大衛早有家室與小孩，而且還是個出軌慣犯。掉入深淵的她，如何努力將人生拉回正軌？

▶ 影片的亮點

　　青少年男女情竇初開，又必須努力念書，對生活與未來都陷入膠著、迷惘。本片幫助青少年探討愛情、教育、家庭、社會價值觀及生涯規劃的意義，是很好的情感教材。特別是當珍妮覺察受騙上當，重新探索自己、看清未來道路，邁向獨立自主人生的過程，更值得青少年借鏡學習。

▶ 向角色學習

　　珍妮：聰明自信又有抱負的少女，希望前往英國牛津大學念書。沒想到遇見大衛後陷入熱戀，不僅同儕羨慕，就連父母也不反對。直到發現大衛早有家室，她面對荒廢的課業與人生，努力重回自己想要的人生軌道。

　　大衛：自信迷人的中年男子，鼓勵珍妮追求夢想，並且會適時現身給予協助。雖懂得擄獲少女的信任與芳心，卻都只是感情詐騙的高超伎倆。

　　爸爸：個性傳統保守，希望珍妮考進牛津大學，可以憑藉高學歷得到父母無法給她的有趣人生，但這樣的期望卻束縛了女兒的自由。

　　英語老師：曾被珍妮瞧不起，認定是「人生勝利組」的無趣老師。但她熱愛藝術，對人生有想法，在珍妮跌倒後願意幫她重回人生正軌。

　　校長：行事有原則且作風強硬、嚴格的女校長，重視學生的學業成績及品格。得知珍妮跟大衛交往後，一再告誡她並把醜話說明白，而當珍妮被騙後，也斷然拒絕給予補救機會。她希望珍妮明白現實中一失足的殘酷，並體會自己重視學生課業的用心良苦。

▶ 引導式提問

Q：中英文片名分別代表什麼意涵？為什麼我們需要受教育？

A：英文片名「An Education」可解釋為「一次深刻的教育或教訓」，而中文片名「名媛教育」則寓意珍妮所嚮往的質感與品味名媛生活。她一路汲汲營營，最後卻學到深刻教訓。

「為什麼要讀書？」這是青春期孩子常有的疑惑，本片對此提供愛的教訓及啟發。珍妮感情被騙後才體悟教育重要，因為想擁有的能力與未來都需藉教育累積實力。而英文老師與校長的直言訓斥也提醒她，缺乏實力的人生常只能依靠他人「給予」生活，受教育都是翻轉人生的機會。

Q：大衛的誘騙招數是什麼？哪一點最容易讓人上當？

A：大衛懂得投其所好，他帶珍妮參觀博物館、聽音樂會、去巴黎旅行，營造自己的藝術涵養。同時祭出浪漫攻勢，透過送禮、寫信與送花等方式吸引珍妮，並且在很多場合表達珍妮對他的重要，讓她覺得自己獨一無二。而他偽裝的身分及資產，也讓珍妮誤以為自己跟成功人士交往。

總結重點，就是鎖定年輕女性為目標，因為求學過程枯燥，加上涉世未深又急於跳脫束縛，致使她們容易受騙上當。而其中最容易「騙到手」的招數，就是讓當事人變成大家羨慕的對象。

Q：珍妮為什麼放棄學業與男友私奔？你會如何選擇？

A：感情世界裡，好像外在條件都不重要，眼前對象才是人生唯一解答。大

衛讓珍妮看到學校以外的見多識廣，帶她在煙霧瀰漫的酒吧享受成人高級浪漫。有人可依賴、追求的事物唾手可得，沒道理繼續念書。

我們很可能也像珍妮一樣，嚐到甜頭就想放棄辛苦耕耘，特別是她正受傳統教育綑綁，希望有人來拯救自己。當一切美夢破滅時，幸好她知道讀書是找回人生的關鍵，或許也說明幻滅是成長的開始。

Q：珍妮如何重回人生道路？讓人對教育產生哪些反思？

A： 珍妮意識到自己犯錯，願意重新思考價值觀與想望後打掉重練，並主動找老師幫忙繼續學習。同時她理解家人與同儕的重要，不再以傲慢姿態對待他們，並且願意結束與大衛的錯誤關係，回到原來的生活。

人生道路走歪了、走偏了，不表示沒有學習及成長。只要願意，永遠有機會奪回自己的人生。教育往往在人生關鍵時刻發揮最大效用，但我們也必須檢視學校是否只教授枯燥無味的知識，忽略培養學生的自我意識及人格特質？教育應鼓勵孩子自我發展及實現，給予更多元學習機會。

《名媛教育》
電影預告
（港版片名《少女失樂園》）

用電影和孩子一起學會愛的能力

愛的所有格

因為愛你
就能獨自占有你嗎

愛的所有格（Posesif）

- 類型：文藝片
- 說明：印尼、2017 年、101 分鐘
- 分級：輔 12 級

故事內容

高中生拉拉為了參賽奧運跳水項目受訓，日復一日不斷的練習。直到帥氣的轉學生游迪斯出現打亂作息，沉浸在兩人小宇宙的她生活也變得多采多姿。就在對方表現出強迫性的過度要求及自我傷害後，拉拉也認清現實：當初兩人有多美好，現在的傷害就有多慘痛。

▶ 影片的亮點

本片打破印尼電影印象，得到許多國際大獎。浪漫愛情後來出現大轉折，帶給觀眾意想不到的驚嚇，是時下國高中生必修戀愛課程的借鏡。導演以輕快手法鋪陳故事，就算穿插暴力情節也不至於太暗黑，適合大家一起檢視自己的情感關係，做為與另一半相處時的進退拿捏標準。

▶ 向角色學習

拉拉：跳水世家出身，教練爸爸的嚴厲特訓，讓她不知自己為何而活，找不到人生目標。直到遇見游迪斯，開始對生活產生熱情，但也因此遭遇情感震撼教育。在與危險情人的交往過程中，體會到父親對自己的愛。

游迪斯：多金又有藝術天分的轉學生，對拉拉的情感依附性及占有慾都很強烈，甚至把她的朋友視為眼中釘。這些行為來自他缺乏安全感的失能家庭，媽媽強烈的控制欲讓他曾想逃離卻失敗。

拉拉爸爸：個性傳統又不善言辭的嚴父，同時也是女兒的教練。雖親子溝通不順暢，最後卻願意給孩子更多自主權。他在女兒被男友暴力相向後主張報警，表現出為人父的疼惜與關心。

游迪斯媽媽：掌控慾強烈，她在丈夫離家出走後認為生命裡只剩下唯一的兒子游迪斯，於是將所有期望加諸在他身上，雖然經濟不虞匱乏，卻沒有給予精神關愛。拉拉曾躲在衣櫥裡目睹她暴力對待兒子，因而對男友產生憐憫與心疼。

▷ 引導式提問

Q：原生家庭帶給主角什麼影響？我們希望大人採取什麼樣的教養方式？

A：拉拉爸爸是個嚴格的人，以讚美其他選手的激將法刺激女兒發憤圖強，父女關係充滿距離感。游迪斯媽媽則是以控制、貶抑、暴力，外加情緒勒索對待兒子，但情緒過後又用金錢證明愛，藉此換取兒子原諒。

從兩人的原生家庭看到父母的錯誤行為，不管是言語、溝通方式與金錢觀等，都影響孩子的人際相處。大人要學習情緒管理及溝通技巧，別讓負面情緒掩蓋自己對家人的關懷。

Q：游迪斯有哪些令人害怕的舉動？為什麼是危險情人？

A：游迪斯的行為，顯現以下令人不安的面向：

1. 強烈控制慾：覺得拉拉完全屬於自己，所以不擇手段的保護她，希望她完全聽話。控制層面擴及拉拉的交友圈，也不讓她有選擇自由。

2. 強迫症特質：不斷奪命連環 Call，對方沒接電話就會出現不安全感。伴隨可怕妒忌心，看到對方與異性說話便怒火中燒並做出傷人舉動。

3. 情緒易受刺激：常出現難以克制的衝動，無法理性溝通。

4. 暴力傾向：這是最可怕的行為，言語霸凌加上肢體施暴過後，又以「愛」為名進行情緒勒索。

Q：遇到危險情人時怎麼辦？如何保護自身安全？

A：拉拉與游迪斯的相處，很適合做為性平教育的教材。當對方表現出危險

情人的行為時，應儘量在公開場合跟他對話，避免單獨赴約。溝通時遣辭用句要特別小心，避免汙辱字眼激怒對方。如遭暴力對待，可尋求親友協助並聽取建議，也可求助心理醫師或諮商師，必要時與警方聯絡。

一旦下定決心分手，必須事先擬定循序漸進的安全計畫，讓自己保持冷靜並蒐集相關證據，同時找好後援，自覺身陷危險必須立刻求助。

Q：片中的初戀帶來什麼樣的覺察？觀賞浪漫影視作品時該有哪些警覺？

A：偶像劇的浪漫情節讓人心生嚮往，但初戀並非全然美好。雖然每一段關係在經營與過程中都是成長養分，但也務必設停損點避免受傷害。

當對方出現口不擇言與暴力相向等行為，都是勸誡我們「別再進一步」的警示燈，要趕快適可而止，不給對方挽回的希望。情感經營及付出要保留更多空間給自己，避免關係不對等，甚至讓自己失去自主權。

看似包裹糖衣的戀情，突然因為危險情人而使劇情急轉直下，最後彼此關係恐怖崩解收場。片中男主角最後決定放手，但現實世界裡不見得可以如此。遇到危險情人時，先保護好自己才是上上策。

《愛的所有格》
電影預告

愛的角力

婚姻的性別角色
竟是角力的戰場

愛的角力（Gatta Kusthi）

- 類型：歌舞片
- 說明：印度、2022 年、143 分鐘
- 分級：輔 12 級

故事內容

女子摔角冠軍珂爾蒂在女大當婚的觀念下，嫁給大男人
維拉。在傳統包袱、家庭生活與自我追求的夢想中，終
於找到愛情與麵包的平衡。電影以幽默與歌舞方式鋪陳，
呈現印度社會對女性的歧視及壓迫。

▶ 影片的亮點

本片同時具備高潮迭起的劇情、熱鬧華麗的歌舞，以及發人深省的對白，透過男女婚前及婚後的諜對諜遊戲，探討性別平等議題。鼓勵女性勇敢追求自我實現，也提醒男性檢視自己有無沙文主義的「厭女症」。片中同時呈現運動的魅力及挑戰，以及印度社會的多樣性，是一部寓教於樂的作品，《迷途新娘》亦有相同的啟發。

▶ 向角色學習

珂爾蒂：高學歷的成功摔角選手，也是爆紅的網路名人，一直被父母安排相親，但她並不想放棄事業，認為「給嫁妝」的婚姻是對自己的汙辱。透過此角「女中豪傑」的人設，開拓大眾對女性成就的想像。

維拉：學歷低、愛嘴砲又好吃懶做的大男人，卻透過小手段形塑出自己在當地有頭有臉、事業成功的形象。他在影片最後受訪時的回答，是男性必看的段落。

珂爾蒂爸爸：傳統的印度男人，面對女兒的成就心裡五味雜陳，認為女人只能走入婚姻。為了成功嫁女，不惜弱化女兒，但珂爾蒂的婚姻出問題時，卻願意讓女兒去追求自己的想望。

維拉嬸嬸：外表看起來卑微又傳統，其實隱藏自己的高學歷，對兩性有深刻的分析與洞見。她說：「男人都是機會主義者，沒有男人，女性一樣可以照顧孩子活下去。」給維拉一記警鐘，敲醒他去贏回妻子的心。

▶ 引導式提問

Q：印度電影有哪些特別元素？帶給觀眾什麼樣的感受？

A：「歌舞場面」是印度電影常見的重要表現手法，藉由「歌詞載道」陳述劇情，讓觀眾理解角色的心理與情感狀態，並且推動劇情延續發展。同時歌舞可以炒熱氣氛，讓觀眾暫時放鬆心情。透過歌舞傳遞宗教信仰、文化特色及民俗風情的印度電影特色，也引起他國學習模仿。

Q：電影如何呈現大男人主義對女性的影響？請分享自己家的經驗。

A：「大男人主義」常表現在思想及行為，例如維拉認為女人應該留長髮、學歷要比先生低、包辦家務、懂得服侍丈夫，並且認同男人的事業等。這樣的思想容易導致家暴，特別是當妻子意見不同或「不聽話」時，可能先生會言語恐嚇或肢體暴力迫使對方屈服。「當你決定跟老婆比賽時就已經輸了。」維拉嬸嬸的智慧之語，點明男人不必和老婆爭輸贏。

Q：什麼是「厭女症」？電影如何呈現厭女現象對社會的影響？

A：「厭女症」是指對女性的貶抑、憎厭及偏見，蔑視女性傾向與特質的行為或心理，例如看不慣女性「反常」行為、認為女性要有女性的樣子、對「不像」女性的女子充滿敵意與排斥，以及至高無上的父權等。在人類文化發展及宗教理念中，常可觀察到「厭女」現象存在。

「厭女」情節充斥在劇中男性角色，包括維拉、維拉叔叔、朋友、珂爾蒂爸爸與摔角教練等，他們都要求女人乖乖聽話。最後維拉才體悟，原

來體育與女性在印度同樣不受重視，女性要出來比賽，必須跟整個社會、文化及家庭對抗，但是如果給予適當訓練與家庭支持，那麼數百萬印度女性都會得到奧運金牌。

「厭女」對社會影響深遠，不但造成性別失衡、讓多元性別無法在各領域發揮所長，也引發暴力等問題，使社會缺乏多元價值與創新活力。

Q：媒妁之言與自由戀愛何者較好？現代人對婚姻的期待有何改變？

A： 珂爾蒂與維拉在面對社會壓力、滿足家族期待的情況下，透過媒人牽線共結連理。這樣的婚姻跳過戀愛階段，婚後才開始相處。而自由戀愛的婚姻則是自己做主，經過戀愛打下情感基礎後才決定共渡一生，增加了彼此的人生的歷練與選擇。就婚姻條件來看，媒妁之言與自由戀愛差異不大，適合自己的最好。

在情感關係裡，大家都有愛的責任與溝通義務，需要相互理解並尊重。生命中有個相伴與支持的人是幸福的，但多元化社會也有人抱持單身主義。只要知道自己對人生的想望、從中找到實踐的目標，結婚與否都是個人選擇。為了不受對方控制，保持獨立與經濟自主絕對是必要的。

Q：劇中處理婚姻歧見與爭執有哪些地方值得學習？生活中有哪些案例？

A： 維拉雖有大男人主義，但珂爾蒂有才華、有夢想，而且是角力冠軍，對決後反讓維拉體會到她的難處。於是之後當珂爾蒂比賽時，維拉還會抱著孩子在場邊為她加油。編導呈現兩個強者也可以組團隊，彼此分工互助共創雙贏的幸福。

用電影和孩子一起學會愛的能力

婚姻相處之道，在於彼此可以維持平衡關係。討論事情時必須保持理性與冷靜，理解並傾聽對方的感受及觀點，進而尋求雙方最大利益的共同點。不要忽視對方的貢獻及優點，要謹記成家的初衷並時時放在心裡。

《愛的角力》
電影預告

延伸片單特搜
〈觀愛〉篇

1.《瓦力》Wall-E

皮克斯的科幻愛情故事，描述機器人之間的兩小無猜，喚醒人類正視愛與熱情的重要性，經典之作歷久彌新，美國動畫《天兵阿榮》亦有反思科技的類似主題。

美國 /2008 年 /103 分鐘 / 普遍級

2.《電子情書》You've Got Mail

開創網路交友電影的先河，互看不順眼的書店老闆竟是互有好感的網友。《西雅圖夜未眠》導演又一部純愛喜劇，是湯姆‧漢克、梅格‧萊恩的浪漫佳作。

美國 /1999 年 /119 分鐘 / 保護級

3.《莎莉》Salli

中年女子透過交友軟體認識異國男子，她義無反顧的勇氣，是要浪漫追愛，還是追回自己的人生？取材常見的網路愛情詐騙為題材，強調活出自我的重要。

台灣 /2024 年 /105 分鐘 / 保護級

4.《人肉搜索》Searching

全片模擬社交平台畫面的電影，具劃時代意義。女兒離奇失蹤，父親在網路世界找尋破案關鍵。過程緊張刺激無尿點，強調資訊安全的重要。

美國 /2018 年 /102 分鐘 / 輔 12 級

5.《糖糖 Online》Candy Online

入圍金鐘獎迷你劇集，說明網路爆紅的直播主在一次意外走光後所引發的一連串

風波，面對同儕、學校和家長不同的執念，掀起慾望與偏見的對戰。

台灣 /2019 年 / 共 13 集 / 輔 12 級

6.《迷藏》Hidden

探討青少年對性愛與對網友的好奇和迷惘，深刻平實書寫同志與異性的情感。青春戀曲的苦澀不分性別，成為兒少性剝削防治宣導的教材。

台灣 /2021 年 /30 分鐘 / 輔 12 級

7.《該死的阿修羅》Goddamned Asura

取材真實的無差別射殺事件，和台灣電影《青春弒戀》有類似核心價值，六位年輕人因網路世界而碰撞出交錯命運，雙重結局的安排發人深省。

台灣 /2022 年 /114 分鐘 / 輔 12 級

8.《別問我是誰》Who You Think I Am

大滿貫法國影后茱麗葉・畢諾許的精采演出作品，深度描繪愛情心理。中年失婚的她用臉書假帳號和年輕人熱戀，沒想到一切卻漸漸失控。

法國 /2019 年 /101 分鐘 / 輔 12 級

9.《網紅教慾》Like & Share

以大膽直接的方式探討網路性暴力、約會強暴及私密影像外流等 Me too 事件。透過溫柔女性視角，控訴性別不公的數位時代，是絕佳教材。

印尼 /2022 年 /112 分鐘 / 輔 15 級

10.《小藍》Little Blue

被忽視的小藍意外獲得校草青睞，並且發生第一次性關係，沒想到私密照卻因此外流。飽受歧視的她以另一種方式為自己平反，開啟和母親和解的契機。

台灣 /2022 年 /98 分鐘 / 輔 15 級

CH4

愛的能力 第四課

望愛
（忘）

情感聚散 悲歡離合

生命的失落歷程

讓我們探索內心的想望

─望（忘）愛─
在付出中明白想望
在創傷後療癒重生

我常想起美國電影《亂世佳人》的結尾，當郝思嘉面對丈夫一去不回頭而哭倒在階梯時，她想起爸爸生前的話，然後擦去眼淚說出經典台詞：「明天又是嶄新的一天。」（Tomorrow is another day.）面對感情她拿得起、放得下，分手後好聚好散，值得我們學習。

《偶然與巧合》是我很喜歡的法國藝術電影，曾創下台灣影史上映時間最久（超過半年）紀錄。女主角離婚後遇到深愛的男人，但對方與兒子卻意外身亡。她完成兩人的遺願後本想了結生命，但想起對方曾經說過：「自殺是作弊行為，會在比賽中被暫時判出場。」這個橋段讓我省思：學習從情感創傷中自我療癒很重要。

許多人可能一生都罹患失戀症候群，只是症狀輕重不同。前言中我分享自己失戀的痛苦，必須借助 K 歌、練習瑜伽慢慢走出打擊，學習在等待下一段關係來臨前儲備好能量，逐漸打開心房迎接下一個對象來訪。

▌電話「愛的告白」成功拉近親子距離

教學現場我也在學生的原生家庭看到，父母關係如何影響需要被關愛

的孩子。我反覆思考：「沒有離婚但關係不好的夫妻，是否對孩子真的比較好？」

有一次輔導團來校觀摩，各校的校長、主任就站在教室後看我上課，我們一起看了德國電影《冰淇淋的滋味》。劇中小男主角家雖窮困，但媽媽很關心他，而小女主角家庭富裕，但卻覺得缺少愛。觀後我們討論家庭關係裡最重要的構成元素，想像自己會想住在小男主角或小女主角的家？

為了讓孩子感受大人的愛，我大膽問：「有沒有人願意在大家面前打電話給爸媽，跟他們說我愛你？」話語剛落就有同學大叫：「唉呦，好噁心喔！」但此時一位小女生舉手表示：「我願意。」

我告訴孩子：「怕你們不好意思，老師先打電話給媽媽。」於是我開手機擴音等媽媽接電話。沒想到接通後媽媽一頭霧水問我：「怎樣了？你現在不是在上課？」我告訴她：「我要教小朋友跟大人表達愛，所以想先跟妳說『媽媽我愛你』。」媽媽接著回答：「所以我要說什麼？」聽到媽媽不知所措的回應，同學忍不住大笑。最後，媽媽終於說出：「我也愛你。」

示範後，剛剛自告奮勇的小女生接著打電話給爸爸，但電話響了好久都沒接，同學也跟著緊張不安。終於電話接通了，我先表明：「我是建榮老師，我們正在上課，孩子很勇敢，她有一句話想對爸爸說。」

「爸爸我愛你。」小女生輕聲說。「發生什麼事情？」爸爸緊張了起來，我接著回答：「我們在上課，我讓學生學習勇敢跟家人說我愛你。」聽完解釋，如釋重負的爸爸毫不掩飾的大喊：「我也愛妳！」全班頓時驚呼不斷，教室後觀課的校長也感動得哭了出來。

「沒有上過哪一堂課，能讓大家哭成這樣的！」事後有學生在學習單寫下這段文字。後來我要求他們下課後來找我，每個人錄一小段影片給爸媽，然後剪接放到班級官網，讓所有爸媽都看到孩子對他們的「愛的告白」。

大人持續澆灌的愛，才是影響孩子成長關鍵

一兩個月後，我請所有家長各錄一小段影片給孩子。因為不久後他們即將升上高年級，我就完成中年級帶班任務，想把影片當做「小畢業」禮物送給大家。我把影片剪輯好再配上郭富城的歌曲〈對你愛不完〉，彷彿已經感覺到學生對影片充滿期待。

到了影片放映當天，有人看到爸媽出現在螢幕上，忍不住害羞低下頭。等到勇敢小女生的爸爸出現時，她嘟囔著：「我就叫爸爸要減肥吧？螢幕上那個樣子真的是……」但她沒料想到，影片最後竟出現已和爸爸離婚的媽媽。當然這是我私下特別請爸爸幫忙錄下的珍貴片段。

「雖然不能常見到妳，但媽媽每天都很想妳……」聽到媽媽影片中的話，小女生抽噎後暴哭傲嬌的說：「老師你好壞，怎麼找到我媽媽？」我回答：「妳就知道爸爸有多愛妳了吧？老師跟爸爸交代要保密，務必今天才能揭曉。」

女孩的媽媽是外配，離婚分開後與先生始終沒有撕破臉。小女生面對父母離異表示，每年自己生日都會收到爸爸和女朋友，以及媽媽和男朋友準備的禮物，一次拿四份讓她覺得不好意思。自從父母分手後，她回家不

用電影和孩子一起學會愛的能力

必再忍受雙親無止境爭吵與大呼小叫，這是離婚的好處。大人離異並不是影響孩子成長的關鍵，彼此對孩子的愛是否不斷積累才是更重要的課題。

走過悲傷學會自我覺察，擁抱希望展開新生活

美國精神醫師伊莉莎白‧庫伯勒—羅斯（Elisabeth Kübler-Ross）在其著作《論死亡與臨終》提到以下「悲傷五階段」：

一、否認與孤立：如鴕鳥心態將自己與外界隔離，不承認殘酷事實。

二、憤怒：將內心憤怒投射到其他人身上，怨天怨地埋怨他人，就是不怪自己。

三、討價還價：願意拉低身段，乞求對方回頭。

四、沮喪：一旦發現無法挽回時會再度陷入痛苦，如果走不出來容易自我傷害。

五、接受：開始冷靜後，體會到人生無常，學習放下並重建新生活。

有些人可以完整走過這五個階段，有些人卻只能卡在半途，每個人經歷時間長短不同。了解這五個階段有助提升自我覺察，學會在陷入情緒低潮時自我評估正處在哪個階段，從而產生希望，明白渡過了人生就會慢慢好起來。

本章選片分成兩部分。一是針對不同年齡層探討雙親吵架、離異等課題，站在孩子的立場來看情感聚散。二是探討如何分手與療傷，美國電影《曼哈頓戀習曲》以女性觀點看待失戀，《戀夏 500 日》則從男性觀點切入情感，希望大家都可以從中得到啟發。

童心計畫

小小心靈
如何接受家庭的不完美

童心計畫（The House of Us）

- 類型：劇情片
- 說明：南韓、2019 年、92 分鐘
- 分級：普遍級

故事內容

荷娜為了讓父母重修舊好計劃家庭旅行，沒想到事與願違，但卻遇到一對長期缺少大人照顧的鄰居小姊妹，三人逐漸成為互相依偎的好友。一心想守護家的她們發現付出愈多愈無法如願，於是開始看似無法達成目標的旅行，彼此在旅途中互相照顧及安慰，留下苦中帶樂的成長回憶。

▶ 影片的亮點

本片藉低中高年級三個國小女孩，討論父母吵架及家庭失能議題。身處問題風暴中孩子都想貢獻心力，看她們在計畫中如何自我發掘特點與專長並互相欣賞，進而學習大人世界、接受生活現實。三個女孩的演技生動自然，就像在演自家故事，能給家庭失和的孩子些許慰藉。

▶ 向角色學習

荷娜：獨立、堅強、細心、體貼的小五女生，哥哥常不在家，父母也常吵架並密謀離婚。她靠自己想辦法解決家庭問題，雖然最後仍無法改變現況，但過程中的體悟讓她日後成為溫暖的大人。

宥美／宥真：九歲與七歲的姊妹，父母長期在外打工，姊代母職凸顯底層勞工生活困境。危機應變中，感受荷娜的母性溫暖，學會更多生活技能。

藏寶盒：原本荷娜用來收藏自珍物品，之後拿來藏放危害家庭和諧的東西，例如媽媽的護照、爸爸的手機等，顯示孩子深藏的心事。

家：本片討論的主體。家不只是住所，更是感受愛流動的地方。荷娜在家中用紙做房子，就是「家」的延伸概念與討論。孩子對家的渴望並非只是「住的地方」，更重要的是家人感受彼此心意。

▶ 引導式提問

Q：荷娜為何計劃旅行解決家裡矛盾？想改善家庭關係你想去哪裡旅行？

A：工作壓力加上負面溝通，使父母情緒飆漲爭吵不休。因為家庭旅行曾改善父母相處模式，所以荷娜希望再次旅行，讓父母關係修好，促進家庭和諧。她渴望擁有完整的家，成長過程需要大人的愛、陪伴與重視。

Q：為什麼荷娜在學校及家庭都這麼努力？如果是你想扮演什麼角色？

A：荷娜是「付出型」人格，在學校熱心助人被老師誇讚，在家也會幫忙做家事。她為了讓父母和好曾說：「我們把所有辦法都試試看，總有可以成功的吧？」荷娜的堅強、獨立、善良與責任感值得學習，可做為檢視自己對家庭是否盡責的標記。但過度委曲求全的「付出」，也是亞洲女性潛移默化中常被希望塑造的特質，值得深思及覺察。

Q：三個女孩如何互相扶持？荷娜為什麼積極努力幫助兩姊妹？

A：荷娜成熟得像個小大人。看到兩姊妹在生活上有那麼多事需要處理，油然生出照顧之心，她幫忙煮飯、陪同玩耍，一起打電話去罵行為不良的大人，還想出計謀趕跑租客並努力討好房東。

然而付出愈多情況卻愈糟，尤其是這趟歷險旅行，但卻讓她們建構想望的家庭樣貌。同是天涯淪落人，三個女孩更像是命運共同體的全新家人。

Q：什麼是公路電影？片中的公路旅行有什麼意義？

A：公路電影敘事角色從 A 點出發前往 B 點旅途中的遭遇。荷娜因為生氣家人不去旅行，於是帶兩姊妹去找父母展開旅程，沒想到一下子坐錯車、一下子忘了拿行李，導致彼此因失誤而互相生氣、埋怨與吵架。

這趟旅行讓女孩認清現況及困境、體悟「希望會落空、努力會白費」是成長必經過程，同時明白自己與原生家庭的關係，會從緊密、保持距離，再到分開獨立。情緒宣洩後，三人在旅途終點道別，彼此都獲得成長。

Q：為什麼結局留下很多想像空間？你跟家人的相處模式需做哪些改變？

A：最後道別時，宥美問荷娜是否願意繼續當她們的姊姊？荷娜回應：「我永遠都是妳們的姊姊。」回家後屋裡沒人，她只好拿出食譜張羅晚餐，直到爸媽與哥哥生氣的進門，這才明白家人也會為她緊張。但荷娜沒有解釋，反而以「我們先一起吃飯，然後再去旅行吧！」做結。

許多家庭看似大人在照顧小孩，但往往大人無助時會發現，孩子的愛反而是家最有力的支撐點。現實中的家就像三個女孩，時有任性也會彼此互助。荷娜家未來會如何？電影留下開放結局讓大家繼續討論的。

《童心計畫》
電影預告

瀑布

被囚禁的靈魂
渴望關愛與陪伴

瀑布（The Falls）

- 類型：劇情片
- 說明：台灣、2021 年、129 分鐘
- 分級：普遍級

故事內容

2020 年台灣受新冠疫情影響，電影敘事外牆拉皮整修公寓裡的母女故事，女兒在房間內自主隔離，失婚媽媽罹患思覺失調症。兩人從關係疏離緊張、相愛相殺到相互支持，最後成為彼此的依靠。

▶ 影片的亮點

本片上映當年得到金馬獎四項大獎，代表台灣角逐奧斯卡金像獎最佳外語片。以女性觀點敘事動人故事，探討疫情對生活的影響，喚醒對身心靈的重視。疫情讓不可能的事情成真，致使單親母女被框限在侷促時空裡相處，似近又疏離的情感無所遁逃，卻也在直擊過程中找到理解與救贖。

▶ 向角色學習

羅品文：外商公司的幹練主管，離婚後承受家庭與工作壓力，加上疫情緊張，最後罹患思覺失調症，不時會出現瀑布聲響的幻聽、妄想等幻覺，必須住院治療。出院後只能在賣場打工，但勇敢與病痛共處並堅強生活。

王靜：品文的高中女兒。父母離婚後，她覺得媽媽嚴厲自私不了解自己，染疫的居家隔離讓兩人關係惡化。她原想跟著爸爸，卻發現他早已出軌有了新家，於是轉而理解母親相互依偎打氣，共度往後生活。

如萱：品文住院時的病友與精神支柱，個性積極且開朗、幽默。住院期間她帶品文參加活動，出院後持續關心健康，讓她感到溫暖有歸屬感。此角顯現思覺失調症患者仍可回復原來的生活。

陳主任：喪妻的中年男子，也是品文在賣場工作的主管，友善、體貼員工，具領導力又有責任感。他對品文有好感，不會因病排斥，反而更關心她的健康，是平凡中得見誠懇的暖男。

▶️ 引導式提問

Q：如何解讀片名「水」字的意涵？本片透過哪些物品做為隱喻？

A：英文片名「The Falls」有「瀑布」與「墜落」雙關意思。疫情讓生活「墜落」，疾病也讓人生「墜落」。瀑布象徵「多水」，表現在房子外牆拉皮、品文病中幻聽與住院唱的歌〈抉擇〉，以及女兒遭洪水沖走危機。

疫情居隔期間，確診者被隔離在屋內房間裡，象徵考驗家人關係。房子外牆拉皮施工所罩的藍色帷幕，像極「戴口罩」的房子掩蓋住家模樣與障礙無法排除讓人窒息。而老屋拉皮代表房子年代久遠產生破舊與損壞，有如人與人之間的關係。最後大洪水像人生突如其來的災難，造成死亡也讓人找回重生力量。

Q：電影如何描繪離婚婦女的掙扎？以及緊張的親子關係？

A：房子是品文與前夫共同打拚買下的「家庭」，因留戀無法割捨而不願出售。單親職業婦女必須工作表現傑出，在家又忙得像八爪章魚，而社會期待又有如洪水猛獸，累積壓力就像不定時炸彈引爆頹然毀滅。對照前夫再婚家庭，房子又新又大又漂亮，更顯舊愛如廚房裡燒壞的殘灶。

品文的壓力與緊張表現在對女兒的關心及管教，但孩子卻覺得她嘮叨、自私，又愛掌控一切，唯有居隔在房內才能得到片刻安寧。

Q：女兒對雙親離婚有何感受？你有相同經歷或不同選擇嗎？

A：「妳不要再眷戀那個男人，他只是提供精子而已。」王靜以此言表態自

🎥 用電影和孩子一起學會愛的能力

己對父母離婚的看法：別再留戀，好好生活繼續未來人生。

比較離婚後沒有關係撕裂的和平共處，和勉強維持婚姻關係卻失和長期爭吵的婚姻，也許前者對孩子生活的影響較少。鼓勵勇敢面對不完美人生，好好努力繼續生活。

Q：思覺失調症在片中扮演什麼角色？女兒如何陪伴媽媽走過病期？

A：思覺失調症是腦部疾病，會導致患者感知功能障礙，表現出幻聽、幻覺與妄想等症狀，需要家人更多理解、支持和鼓勵。片中因為思覺失調症，讓品文母女有和解的可能。品文能理解女兒的反應，但也希望她不要再問「妳還好嗎？」她答應女兒一定會努力好起來。相處過程中的理解慢慢撕除疾病帶來的標籤，說明思覺失調症患者在治療、關懷與支持下，一樣可享快樂生活。

Q：片中配角有哪些功能？我們的生命裡出現過哪些貴人？

A：品文治療過程中遇見的人雖萍水相逢，卻適時伸出援手，像是打掃阿姨義務幫忙、房仲經理阻止詐騙，以及賣場陳主任溫柔相待等，顯現社會處處有溫暖。世界沒有想像中糟糕，時光再難熬仍有光明與希望。

《瀑布》
電影預告

媽的多重宇宙

在平行時空中
找回生命本質

媽的多重宇宙
（Everything Everywhere All at Once）

- 類型：科幻片
- 說明：美國、2022 年、139 分鐘
- 分級：輔 12 級

故事內容

美國華裔移民王秀蓮家庭、事業兩頭燒，還要面對國稅局稽查、先生預謀離婚與女兒出櫃等問題。先生告訴她有多重宇宙存在，於是她進入一連串視覺及靈性哲學觀的宇宙，發現每個人都可以成為自己的超人，她如何在過程中保護宇宙、拯救自己，了解愛的真諦？

▶ 影片的亮點

本片披著科幻喜劇外衣，闡述東方傳統家庭倫理糾結，以幽默及創意呈現多重宇宙概念，寓教於樂擴展許多靈性與想像。劇中以東方移民家庭為背景，探討夫妻相處之道、破除親子間惡性循環情感魔咒，以及存在與虛無等議題。看似毫無邏輯卻意涵人生哲學與宇宙共同法則，凸顯人類渺小與個人課題。該片不僅獲得奧斯卡最佳影片，楊紫瓊更創下影史第一位亞洲人榮獲金像獎最佳女主角的紀錄。

▶ 向角色學習

秀蓮：在家庭與工作瀕臨崩潰的華裔女性，不得已透過不同面貌來解決平行宇宙危機。她憑著勇敢與智慧，保護了家人，也保護了宇宙。不同面貌的秀蓮充滿後設趣味，藉此向楊紫瓊曾主演過的各種角色致敬。

喬伊：秀蓮的女兒，認為媽媽只是表面接受自己的同志身分。她在原本宇宙聰明又善良，是媽媽的支持者，但在多重宇宙卻是找不到目標的追殺大魔王。問題癥結就在「出櫃」，因旁人沒那麼認同而產生糾結。

威門：秀蓮的先生，個性溫和但卻沒有主見，是開啟多元宇宙的關鍵。他想藉離婚來改善夫妻關係，認為只有使出這個殺手鐧，才能讓長期頤指氣使的妻子正視彼此相處的問題。

公公：秀蓮的爸爸，掌控慾強、充滿威權，否定女兒的嚴父。秀蓮發現若當初不跟威門在一起，也許可能成為明星、俠女等屬害人物，因而對

公公產生心結難以釋懷。但公公同時也是鏡子，反射出她對女兒的態度與相處模式。

　　國稅局稽核員：一板一眼的公務員，秀蓮總是被她刁難，原因是兩人在其他宇宙的特殊關係糾葛。她們在多重宇宙是朋友、敵人與老闆，在熱狗手宇宙還是情人，藉此說明人類有多種樣貌與變化，放下執念與偏見才有和解可能。

▶ 引導式提問

Q：威門覺得婚姻缺少什麼而想離婚？自己父母的相處模式為何？

A：兩人長期工作繁忙，加上共同經營事業公私不分，缺少喘息的時間與空間致使情感疲乏。威門富幽默感、夢想當音樂家的個性，與妻子嚴肅、渴望安定的務實截然不同，導致問題愈來愈多。但他們在不同宇宙仍彼此相愛，如果能嘗試聆聽並尊重對方的選擇，還是有可能重修舊好。

Q：片中如何呈現溝通前後的母女關係？你如何改善自己與家人的關係？

A：母女倆看似不同，卻有很多相同點。她們的關係緊密，卻因代溝產生很多衝突，有時也會試著關心、了解對方，所以一直處在相愛相殺的緊張氛圍裡。

　　在不同宇宙裡，兩人的關係都不同，這對秀蓮來說就像鏡子映照出自我。當她發現女兒是大魔王時，雖無法接受卻又不願放棄，最後才學會放下「為妳好」的情感勒索，坦承自己想要的只有女兒。但女兒則表示累了，

只想進入貝果圈變成虛無。最後媽媽決定放手，母女關係終於得到和解。

Q：在不同宇宙遇見不同的自己有何意義？你想選擇哪個宇宙的自己？

A：每個角色在不同宇宙的際遇與發展，代表不同的選擇與影響，反映人生觀與價值觀。當主角經歷多重宇宙回到現實，終於明白沒有哪一個宇宙是最好的，最重要的是自己能在想望與現實之間取得平衡，學會愛自己也愛別人。

Q：片中的「大貝果」傳達什麼樣的靈性象徵？有何深層意義？

A：貝果的圓圈外型中間有洞，可視為宇宙黑洞，或是不被理解及不圓滿的空虛，呼應秀蓮經營洗衣店中不停轉動的滾筒。最後歸納引出「太極」概念，寓意天地之間陰陽並存，兩兩對立又互相交錯融和的東方哲學。威門說：「人生的每一次拒絕與失望，都是帶領我們來到此時此刻的契機。」他告訴秀蓮：「一旦看清全貌，就會發現宇宙所有東西都是粒子組成的，而且可以隨機排列。」而「靈魂轉世」表示跟某群人有類似生命課題，也許今生的連結分歧會導致不同發展與結局，最後都需要互助才能成為更好的自己。

在無盡旋轉循環中想擺脫輪迴與宿命，必須思考自己是誰、對人生有什麼貢獻。透過威門的回答：「Be kind，特別是在我們不知道發生什麼事的時候。」可以明白電影傳達的勸世精神。

Q：秀蓮在多重宇宙的過程中，有何心理變化與啟發？

A：秀蓮最初覺得無稽，後來好奇在不同宇宙的際遇，進而比較哪個宇宙的自己最好，因為超乎想像而驚訝。一連串際遇有喜歡也有遺憾，最重要的是過程中有沒有察覺到自己擁有重新思考「人生中永遠都有選擇權」的自由，也可重新認識自己，帶給別人更大的影響。

我們都不完美，在家裡的角色也都不同。不管大人或小孩都要學習相互尊重、理解及關心，成為拉對方一把的「天使」。放下執念認真活在當下，懂得愛人與被愛，不管在任何宇宙都可以勝任愉快。

《媽的多重宇宙》
電影預告

用電影和孩子一起學會愛的能力

曼哈頓戀習曲

迷失的星星
找到自己的路

曼哈頓戀習曲（Begin Again）

- 類型：劇情片
- 說明：美國、2013 年、104 分鐘
- 分級：保護級

故事內容

歌星女友葛莉塔與音樂製作人丹彼此的人生正在崩解，
兩人都因為音樂而陷入低潮，但也因為音樂促成兩人相
遇的機緣。丹聽出葛莉塔的音樂才華，提議在紐約各城
市現場錄歌的方式，邀請她製作專輯。兩人在創作過程
深刻感受音樂的魔力與效果，不但找回人生方向，也給
自己再出發的第二次機會。

▶️ 影片的亮點

　　本片於情愛故事中放入文青、流行與嘻哈等多元音樂元素，看到專輯製作不同面向的實驗性與創意。以勵志角度出發，鼓勵大家生命卡關時把失意化為力量並找回初心。同時也提供化解家庭歧見的方法，讓了解與溝通變得順暢，進而回歸正向發展。片中以紐約曼哈頓做為故事背景，讓觀眾看到多元種族的風情文化，感受各色人種創造的城市活力，出人意料的結局更是深具啟發。

▶️ 向角色學習

　　葛莉塔：年輕有才、不向主流靠攏的音樂人，對生命與音樂都有個人的想法與堅持。因男友外遇與彼此音樂理念分歧而陷入人生谷底，透過朋友支持及自我努力慢慢找回對音樂的熱情與自信，勇敢開創自己的篇章。

　　丹：知名音樂製作人，脾氣暴躁又酗酒，導致事業、家庭雙雙跌跤。他在酒吧聽到葛莉塔的演唱，重燃創作能量的同時，也恢復自己「伯樂」身分的自信，進而將生命意義灌注生活，並且修復與女兒的親子關係。

　　戴夫：深具舞台魅力的當紅英俊歌手，曾是葛莉塔的男友與音樂夥伴。走紅後在「取悅觀眾」與「做自己」的不同市場定位擺盪，雖想跟葛莉塔復合，可惜最後還是為了迎合聽眾選擇向主流市場靠攏。

　　Trouble Gum：知名嘻哈巨星，他感謝丹的栽培與尊重，願意提供金錢與資源幫助自己錄製專輯。因為不忘初心與感恩，成就了自己的非凡事業。

薇奧莉特： 丹的叛逆女兒，在學校被排擠，又極度缺乏自信。父母分居讓她難以調適，也不知道該如何溝通。後來葛莉塔邀請她一起錄音，她在過程中展現音樂天分並且得到父親肯定，進而開始由外而內改變自己。

▶ 引導式提問

Q：男女主角在感情上遇到什麼問題？兩人如何處理情感破裂？

A： 女主角葛莉塔原與男友一起打拚，對方卻在事業一飛沖天後外遇，讓她傷心憤怒之餘考慮返回英國。男主角丹則因為酗酒、事業不順又與妻女分開，生活與情緒都瀕臨失控。

　　葛莉塔縱使傷心依然維持尊嚴與堅持，丹則自暴自棄失控過活。雖然兩人愛恨分明，性格卻差異甚大，然而音樂理念卻一拍即合，因而成為默契搭檔。分手需要學習，縱使難過沮喪也要明白，這是開始為自己打拚的契機。

Q：男女主角如何互相影響並啟發對方？片中音樂與紐約場景如何搭配？

A： 人生必須找到興趣，專注其中的過程中就有機會遇見志同道合夥伴。葛莉塔有主見，丹又具備信手拈來的豐沛靈感與高效執行力，加上紐約的多元文化、人種多面貌、新舊街道風情與城市喧鬧聲音等素材，激盪出創作能量。

　　於是他們的專輯開錄了，在地鐵、巷弄、建築物頂樓，甚至是在街頭隨時準備跑警察的過程中進行，混合車聲、人聲與警報聲等，就連路過的

孩童都可隨時參與和聲，彷彿全紐約都成了他們的錄音室，讓整張專輯充滿城市活力。

Q：男女主角的情誼如何發展？你有「友達以上、戀人未滿」的經驗嗎？

A：丹認為透過個人的歌單，能了解對方更多。因為個人喜歡的音樂反映出心情與思維，而分享的歌單則是與自我、與他人的私密對話。深夜街頭他與葛莉塔邊走邊聊，透過一副耳機共享彼此的音樂歌單，顯現兩人既靠近又保持距離的靈魂。

片中賦予「成功」不同定義，認為完成自己想做的事並獲得迴響，才算是真正找到知音，顛覆過往以勵志手法操作男女主角名利雙收的結局。兩人是否成為戀人似乎已經不太重要，因為相較於愛情，相知相惜的情誼更加雋永。

Q：你喜歡〈迷失的繁星〉哪個版本？不同版本對兩人的感情復合有何影響？

A：這首歌曾是葛莉塔送給男友戴夫的耶誕禮物，也是兩人關係的測試。她認為清唱才能表現歌曲靈魂，但對方卻認為炫技更能博得大眾喝采。戴夫想復合而邀請葛莉塔來參加自己的演唱會，葛莉塔期盼聽到男友清唱，但對方在觀眾的吶喊中還是唱回大眾喜愛的花腔，因而讓葛莉塔更確認自己的決定。

葛莉塔不怕失去、不怕孤獨，也不需要眾人的掌聲，她更重視的是精神滿足，這些都與男友的個性截然不同。自己做出想望的選擇並沒有對錯，因為道不同就各自安好。

Q：音樂如何產生正面影響？失戀如何療癒？請分享你的失戀歌單。

A：音樂也許不能改變人生，但可以讓生活充滿繼續奮鬥的能量。有時情感難以用文字表達，許多「說不出口」的時刻，音樂可代替我們發出內在真實心聲。實驗證明，聽音樂、唱 KTV 都是有效治療失戀的方式，平時多儲存喜愛的音樂，就可以在生活失衡時幫自己和他人「充電」。

《曼哈頓戀習曲》
電影預告

戀夏 500 日

下一個戀人
撫慰受傷的心靈

戀夏 500 日
（500 Days of Summer）

- 類型：劇情片
- 說明：美國、2009 年、95 分鐘
- 分級：保護級

故事內容

片中描述湯姆與夏天相遇、了解到分手的歷程。雖兩人性格差異甚大，對愛情的嚮往、堅持與理解也充滿矛盾，卻在彼此生命的十字路口交會。電影以輕鬆、幽默方式呈現愛情尋覓與想望的美好與心痛時刻的悲傷，希望觀眾獲得感悟與啟發。

▶ 影片的亮點

本片以非線性敘事及開放式結局手法，來表現戀愛與現實之間的矛盾，浪漫、輕鬆的風格讓親子更容易觀賞及討論。情節出乎意料不說，拍攝手法也相當新穎，多角度敘事、剪接技巧與風趣對白讓人會心連連。即使已是十幾年前的電影，仍獲得新世代影迷認可，堪稱是失戀電影的經典之作。

▶ 向角色學習

湯姆：擁有建築專業，卻在文具公司當賀卡文案寫手。他決定把握生命能量，等待真命天女出現時再全力以赴。但遇見自己認定的真愛後，彼此感情卻沒有共識，讓他決心踏出舒適圈轉換職場，等待下一段戀情到來。

夏天：文具公司老闆的助理，因父母離異不相信愛情。個性獨立開朗且特立獨行，對湯姆有好感卻不想跟他定下來，是愛情故事非典型女主角。

瑞秋：湯姆的表妹。雖然年輕，卻比表哥戀愛經驗豐富。當湯姆情感受挫時，給予中肯的安慰與幫助。

秋天：個性開朗、友善，與湯姆興趣相同，影片快結束時才出現。兩人在應徵工作的職場相遇，暗示下一段愛情發生的可能，也象徵湯姆在歷經戀夏 500 日後，終於開啟另一階段新生。

旁白：故事的引導者及評論家，在關鍵場景透過幽默、風趣的語氣配合圖卡、動畫，來說明湯姆與夏天的情感變化，並解讀湯姆的內心狀態，就像上天看待世間子女所經歷的悲歡離合。

▶ 引導式提問

Q：男女主角的性格有何不同？對愛情抱持什麼樣的想法與看法？

A：男女主角的愛情觀不同。湯姆有「真命天女症」，對真愛的想像過度理想且固執，同時因為戀愛經驗不多，所以相信愛情，希望遇見真愛後全力付出。

夏天則因為父母婚姻失敗，而對愛情抱持隨興態度並保護自己，她認為愛情不見得會使人幸福，甚至有可能產生傷害，所以不輕言承諾。

Q：本片以哪個角色的視角敘事？若改以不同視角劇情會如何翻轉？

A：從片名就可看出，是以湯姆的視角敘事，看他對愛情的期待、幻想與癡迷。他把夏天當成完美女神追求，完全沒有理解對方的心聲。

電影中大量出現湯姆的獨白，以及他自編自導的愛情發展，顯現他沉溺在自我世界裡。如果觀眾覺得夏天欺騙了湯姆，便是從湯姆的角度來解讀夏天。

夏天並不是女神，只是個行為特別、對愛堅持的女性，這樣的特質也引來男性「欲擒故縱」的誤會。夏天曾表明自己不想定下來，也問過湯姆能否接受，但湯姆過於自溺沒有聽懂。片中想表達感情會歷經懷疑、破裂與創傷等過程，才能找到下一個更適合的對象，生命中的真命天子與真命天女不會只有一個。

用電影和孩子一起學會愛的能力

Q：命中注定與日久生情，何者是真愛？你有什麼想法？

A：湯姆在茫茫人海遇見夏天，認為是命中注定的安排，這是英國知名作家
　　艾倫·狄波頓提出的「羅曼蒂克命定論」。但相遇也許是注定，卻不能
　　保證長相廝守。愛情如何發展，端看彼此的心態、經營及意願。

Q：片中如何表現湯姆參加夏天告別單身派對的心情與失戀創傷？

A：導演巧妙使用雙畫面，一邊呈現湯姆的期待，一邊顯示現實狀況。湯姆
　　以為夏天的一舉一動都是想跟他復合的暗示，其實只是她的待客之道。
　　直到他發現夏天手上的婚戒，雙畫面才回復單畫面的現實情境，然而就
　　在他倉皇離去時，城市的色調也從彩色瞬間變成黑白。
　　之後電影又以快速剪接的方式，來敘述湯姆悽慘、失魂落魄的日常生活，
　　直到表妹一語驚醒才重新振作。但失戀卻推動湯姆邁進下一個階段，終
　　於勇敢挑戰自己真正想要的工作。

Q：男女主角在公園巧遇的意義為何？結局帶給我們什麼啟發？

A：夏天在公園裡告訴湯姆，她與丈夫在熟食店相遇的經過，以及兩人對同
　　一本書的深刻感受，如果那天決定去看電影，就錯失了彼此認識的機會。
　　繞了一大圈，夏天終於同意湯姆所謂的「命中注定」。
　　當夏天承認「湯姆說的對」時，長椅上的兩人相視而笑，成為翻轉彼此
　　觀念、想法的重要情節。透過這樣的橋段來表現兩人情感層次的提升，
　　不僅手法相當高竿，也是拍攝感情分手技法的最高境界。

在感情中，我們有時像湯姆，有時又像夏天。一旦認清現實，明白世上沒有「命中注定」，湯姆終於在遇到秋天時可以勇敢開口，讓緣分有發生的機會。片名「500 日」讓我們明白，扎實的戀愛歷程的確需要花這麼多時間。

《戀夏 500 日》
電影預告

用電影和孩子一起學會愛的能力

First Love 初戀

現在和永遠
你依然是那個人

First Love 初戀（First Love）

- 類型：影集
- 說明：日本、2022 年，共 9 集
- 分級：輔 12 級

故事內容

跨越三個年代的愛情故事，在男女主角追尋彼此二十多年的歲月中，展現不同人生階段的遭遇、處境及情感困境。本片從宇多田光的經典名曲〈First Love〉得到啟發，看情侶歷經熱戀、分手再重逢的深刻，明白人生的殘缺與失敗都是成長的養分，創傷及療癒的過程都需要自己與他人的支持與協助。

▶ 影片的亮點

　　以跨越多重年代來呈現青春時期的熱戀、中年男女的感情糾結，以及下一代的初戀故事，同時乘載許多社會與人生議題，值得觀眾省思。而宇多田光千禧年前發行的熱賣專輯，也是許多人的青春回憶。初戀雖是難以抹滅的記憶，卻是學習愛情真諦與價值的課程。本片不走「霸道總裁」風格，展現平凡藍領的悲歡，讓觀眾在跨年代的過程中看到滄海桑田的變遷。

▶ 向角色學習

　　野口也英：個性開朗、堅強，嚮往未來成為空服員。但卻因為大學時發生車禍而失去初戀記憶，最後嫁給腦科醫生。婚姻失敗後她讓出孩子的撫養權，以開計程車維生，為自己的人生不斷努力。

　　並木晴道：也英的初戀，個性衝動、講義氣，用情專一。為了所愛，他努力考上同一所高中，並進入航空自衛隊。雖然最後因為戰場受傷退役，成為北極星大樓的管理員，但內心一直等待也英找回失落記憶的碎片。

　　小綴：也英的兒子，課業成績優秀，熱愛音樂卻遭父親反對，暗戀愛跳舞又有主見的古森詩。在媽媽的鼓勵與幫助下，他勇敢向對方告白，同時化解母子的尷尬。他的音樂創作，後來在網路上暴紅。

　　古森詩：熱情大膽、勇敢追夢的舞者，藉肢體動作表達對自我與生命的堅持。前往以色列參加舞團甄選當天，因為也英的幫助而趕上飛機。她對小綴的音樂給予支持及激勵。

有川恆美：自衛隊的心理師，曾對晴道進行長期治療。雖然治療結束後兩人成為情侶，但她也明白晴道心中有個無法取代的位置。雖辭去工作遠赴北海道，卻在結婚前夕選擇放手，成全晴道圓滿心中缺憾的空洞。

旺太郎：也英的車行同事，外表普通又總是不走運，但為人幽默、溫和。雖然告白遭拒，但始終支持也英，是幫助她突破人生枷鎖的重要力量。

圓環與懷舊物品：圓環是札幌多段路口的設置，也英曾在旺太郎的指導下克服障礙順利進出，隱喻她對人生的選擇與操作。鳥瞰車流的繚繞，如同播放中的旋轉 CD，片中的隨身聽、美國電影《鐵達尼號》、PHS 手機與任天堂電玩等，皆是時代變遷歷程，明白人們如何從以前走到現在。

▶ 引導式提問

Q：初戀對人生有何重要意義讓人刻骨銘心？你聽過哪些初戀經驗？

A：初戀往往發生在最純真的年紀，在第一次單純的動心中感受人生美好。初戀也是檢視自己「內在小孩」的機會，讓我們學習如何面對失落與分手，並且影響個人往後處理情感的方式與態度。但要注意，初戀不是人生的全部。

初戀的人生重要意義，往往是戀情結束後迷惘、執著，甚至否定自己的歷程，像一道道沉重的關卡等我們努力勇闖過關。正因為難忘，所以選擇對象時要把心留給珍惜我們的人。如果彼此有緣，多年後這塊曾經失落的拼圖也許會再次出現並圓滿。

Q：原生家庭給男女主角什麼影響？母親切斷也英戀情的做法正確嗎？

A：也英小時候爸爸因婚外情離家，但定期寄來的禮物啟發她對世界的好奇與嚮往而努力學習英文。媽媽為了女兒辛苦工作，直到也英成為單親媽媽，也像媽媽拚命養活兒子，終究為教養資源做出痛苦決定。

晴道家人多又熱情、家庭氣氛歡樂。妹妹雖然失聰，但個性活潑開朗。晴道失戀後因為愧疚與糾結無法再談戀愛，家人不忍也只能默默守候。

至於切斷戀情是對或錯，其實也英媽媽也曾經懷疑，不過人生際遇很難評斷，兩個家庭截然不同卻同樣充滿愛。

Q：車禍對主角的人生有何改變與影響？他們如何走過這段煎熬過程？

A：也英與晴道對自己的人生都有美麗願景，甚至做好未來規劃。無奈車禍切斷一切，彼此的人生從此停滯，致使年輕與中年的他們出現極大反差。

晴道一直漂流在「北極星」大廈，對眼前的婚姻無法下定決心斷捨，而也英婚姻破裂，沒當上空服員，後來成為計程車司機。

還好他們都有家人陪伴，漸漸回復生活步調。中年後的生活重心，成為職場努力打拚的動力來源。當夢想妥協於現實，初戀就只是一段記憶。

Q：故事的設定跨越三個年代，有什麼重要意義？

A：三個年代分別代表年輕與中年時期的男女主角，以及下一代的小綴與古森詩。雖然每個世代的選擇、觀念與價值觀不同，但面臨感情時的表白、不確定、擔憂與創傷卻相同，讓我們明白感情如何影響人生。

〈First Love〉這首歌曾在不同年代發表，呼應片中故事的時代意義。不

　　　用電影和孩子一起學會愛的能力

同世代的大人表達關心的方式也不同，不變的是父母永遠把最好的東西留給孩子。

Q：片中主角身邊的配角有哪些意涵？哪一個像我們？

A：恆美說自己名字裡的「恆」字代表恆星，永遠掛在天空，就算人生偶爾脫離正軌，也會為你指引方向。最後她選擇放手，還安慰晴道不要為她擔心，因為她是恆星，會自己發光。聽來讓人心酸，但成熟處理感情的態度，確實就像天上指引方向的「恆星」。

而旺太郎在教導也英進出圓環時也曾說：「不要逃避，睜開眼，繼續前進！就算受傷丟人現眼，面對人生還是要大步邁進。」旺太郎的名字帶有太陽的明亮與溫暖，他對也英情義相挺，是她最好的啦啦隊長。

這些自帶光芒的配角，雖然都不是主角的真愛，卻是他們人生路上不可或缺的情感。也因為擁有這些永恆的情誼，讓主角的人生更豐富精采。

《First Love 初戀》
影集預告

延伸片單特搜
〈望（忘）愛〉篇

1.《情書》Love Letter

同名同姓的女子、追尋青春的情書、情感萌芽的圖書館、濃情溫暖的雪景，造就
亞洲最富盛名的愛情經典，成為多部影視作品的呼應範本。

日本 /1995 年 /117 分鐘 / 普遍級

2.《王牌冤家》Eternal Sunshine of the Spotless Mind

如果失戀痛苦，就到「忘情診所」刪除前任記憶，但往日情懷的浮光掠影卻又真
摯動人。奇幻寫實的影像風格，成為影史愛情經典之作。

美國 /2004 年 /108 分鐘 / 保護級

3.《花束般的戀愛》We Made a Beautiful Bouquet

因緣分而相遇、因理解而分開，相愛容易相處難。真實浪漫的愛情故事，讓人百
分百共鳴，花開花落都是我們相愛的證據。

日本 /2021 年 /123 分鐘 / 普遍級

4.《年少時代》Boyhood

用 12 年的時間記錄同一批演員，述說夫妻離異下的家庭故事，呈現每個家庭成員
的心靈成長。拍攝手法創新細膩，入圍奧斯卡最佳影片等大獎。

美國 /2014 年 /165 分鐘 / 保護級

5.《花樣年華》In the Mood for Love

深受國際好評導演王家衛的經典作品，各方面技術出色，透過梁朝偉與張曼玉絲

絲入扣演繹，將夫妻外遇故事開創出深具美學的優雅質感。

香港 /2000 年 /98 分鐘 / 普遍級

6.《分居風暴》A Separation

一段瀕臨破碎婚姻、一樁意外流產事件，深入剖析伊斯蘭社會、法律及性別，兼具批判力道和人道關懷，獲得奧斯卡等影展最佳外語片殊榮。

伊朗 /2012 年 /123 分鐘 / 保護級

7.《誰先愛上他的》Dear Ex

把八點檔外遇情節替換成同志角色，以誇張演出風格詮釋非典型三角關係，呈現既是敵人又是受害者的複雜心境，溫暖動人的家常療癒喜劇。

台灣 /2018 年 /100 分鐘 / 普遍級

8.《後來的我們》Us and Them

一段跨越青春的愛情故事，再也回不去的遺憾與惆悵。劉若英編導的高票房佳作，黑白與彩色穿插敘事，喚起觀眾心中對愛情的省思。

中國 /2018 年 /119 分鐘 / 保護級

9.《婚姻故事》Marriage Story

奧斯卡多項入圍。讓人欽羨的愛侶走入破裂婚姻，能不能好聚好散，或是只能互揭瘡疤？結婚和離婚的寫實過程，都給人深深省思和啟發。

美國 /2019 年 /136 分鐘 / 輔 12 級

10.《花神咖啡館》Cafe de Flore

在迷幻樂音和靈活剪接中，兩段看似無關的情節神展開，帶給創傷的人們靈性修復力量。西方電影中難得一見的東方哲學，被譽為當代愛情神作。

加拿大 /2011 年 /120 分鐘 / 輔 15 級

愛的能力 第五課

錯愛

以愛為名的情緒勒索

人際距離的身體界線

保護自己　尊重別人

做自己身體的主人

建立身體自主權
學會保護與求援能力

　　本章聚焦幫助孩子認識並維護身體自主權。我想起曾帶過的小六班級，班上女生課業成績優秀，幾乎每次考試都包辦全班前五名，許多方面表現也比男生厲害。我本來並不以為意，畢竟女生青春期的發展比男生快，沒想到時間一久，這些女孩愈來愈強勢，並且還發展出「高人一等」的自我優越感。

　　她們不僅組織成小團體，還會公然批評別人的外表、課業等，牢牢在同學的身上貼標籤，甚至這些主觀意識的看法變成班上主流。後來情況愈演愈烈，女生在科任課時寫「交換日記」，內容尖酸刻薄、不堪入目，屢屢出現男性的性器官，連我都覺得難以想像，甚至有一種心碎的感覺。這群女孩一直請求不要將這些內容告訴父母，再給她們一次機會，但我後來還是如實告訴家長。雖然事件正式宣告落幕，但是這些女孩彷彿和我因此有了隔閡……

　　自任教以來，我捫心自問在性別平等教育用心，這個事件讓我在事後檢討反思處理的過程，覺察自己的潛在意識是否仍對性別存有主觀看法？不然為什麼在看到紙條文字的當下，我會莫名心生「同為男性被羞辱」的感覺？多年後的現在，如果發生類似的事情，我的做法肯定不同，以更客

觀、更開放的態度和青春期孩子一起討論。由此可見,加強並落實性別平等教育的重要性。

影劇掀起 Me too 風潮,喚醒對性平的正視

國一時我看了美國知名黑人女星蒂娜‧透納的傳記電影《與愛何干》,片中敘事她被經紀人丈夫嚴重家暴及精神虐待,最後離開他並重啟人生的故事。這部電影讓我知道什麼是「家暴」,因為當時很少有人談論這個議題,同時我也覺得片名取得很好,因為這些施加身心的暴力行為都與愛無關。

去年掀起關注的熱門台劇《人選之人——造浪者》,雖以政治選舉幕僚工作的故事為題材,但劇中觸及的情感勒索議題同樣深具重要性。早在幾年前好萊塢就已爆出「Me too」風潮,當時並未對台灣產生全面影響,現在藉劇情讓更多性騷擾受害者願意站出來,可說這部影集就是台灣的「Me too」浪潮的造浪者。

戲劇影響人生並發揮作用改變社會,「Me too」事件從政治圈、醫藥圈、教育圈、影劇圈一路延燒全國,促使《性別平等教育法》、《性別平等工作法》及《性騷擾防治法》等「性別平等三法」(簡稱「性平三法」)修法通過。內容對權勢性騷擾加重處罰,不但刑度、罰鍰與賠償調升,未來雇主、機關首長等行為人涉入性騷擾案件時,必須面臨被害者求償與最高五倍懲罰性賠償。

小學任教二十多年來,我也曾被類似事件波及,差一點要上法院做說明。這些事件包括父親家暴小孩、父母爭奪撫養權,還有媽媽毆打爸爸過

程小孩是目睹家暴的兒童等情形，其中有些是社會局通報案件，有些則是校方通報的性平案件，彰顯認識身體自主權與學會保護自己等課題在目前社會的重要。老師也必須以身作則，遵守師生之間的身體界線。

刺蝟女孩的內心呼喊，情感教育從家庭做起

在我處理過的學生事件裡，有位中年級女生外表比同齡女生成熟、情緒容易起伏，個性也比較凶悍，在校有自成的小圈圈。她常欺負其他女生，私下也會偷偷捏人或推人，即使被代課老師目擊也極力否認，還會把過錯全都推給別人。

這樣的行為是警訊，如果不及早調整與矯正，對孩子未來的人際情感關係非常不利。我跟家長聯絡，不料她媽媽卻回答：「老師，她在學校怎麼樣，你們處理就好。告訴我有什麼用？」可能是職業婦女的疲憊與無力感，語氣中帶著一絲硬撐的強悍與無奈。我告訴媽媽：「孩子在學校出現這些行為可能是情感需求的吶喊，因此我想多了解她在家的情形。」

經由媽媽口中得知，女孩上有一個國中姊姊，下有一位同校就讀的弟弟，而且生得可愛又品學兼優，她卡在中間成了最容易被忽視的孩子。被忽視的感覺就像「煙」，必須找到破口溢散出去，不然她的小宇宙就會煙霧瀰漫而窒息。她在家搞不了姊姊，也動不了弟弟，於是在校「自立山頭」，把家裡的「刺」全拿來學校對付同學，表達「誰叫你們不關心我，所以我就變成這樣」的抗議。

但她欺負同學的行為已被對方家長認定是「霸凌」，因此學校必須召

開霸凌會議，但她媽媽依然不想到校處理。後來我說：「對方家長希望孩子在全班面前道歉，不然只有提告一途。」經媽媽詢問後女孩願意道歉，反倒是媽媽還有怨氣：「為什麼孩子的爸爸不出來處理？」對此我也只能告訴她：「如果妳覺得我打電話給爸爸可以來處理，那麼我就打電話給他。」我感覺夫妻倆都不想面對孩子的狀況。幸好孩子願意認錯，對方父母也就不再追究。

雖然外表看起來像大人，但女孩仍舊是躲在棉被裡的受傷孩子，她的創傷既沒得到治療也沒有痊癒，於是遇事不順就大吵，對小事也鑽牛角尖，聽到別人的話放大解讀，總覺得大家都在傷害她。我心疼她，因此更加確認情感教育必須從小認知並不斷練習的重要，因為大人早已過了情感練習的黃金期，根深柢固的偏執難以扭轉。

▎ 學習「人際距離」，促進人群相處更舒適愉悅

究竟人與人之間的距離怎樣才算適當？我們可參考文化人類學家愛德華・霍爾（Edward T. Hall）在 1963 年創造的「人際距離學」，他將人與人之間的距離分為四種：公眾距離、社交距離、個體距離及親密距離。

一、公眾距離：大約 360～750 公分，面對不熟的人或陌生人。

二、社交距離：大約 120～360 公分，面對同學或認識的人。

三、個體距離：大約 40～120 公分，面對朋友或熟人。

四、親密距離：大約 0～45 公分，保留給自己最信任且親密的人。

這四大尺度的身體距離，可幫助我們在人際關係中拿捏彼此感覺愉悅

的舒適帶。就距離上來看，從陌生到親密距離逐漸縮短，而親密距離是兩人之間的專屬，彼此可以聽見對方的呼吸、心跳，甚至允許肢體碰觸與交流。有趣的是，親密距離同時也是對手之間的挑釁距離，以前緊迫盯人、鍥而不捨的追求方式，現在很可能會被當成是「痴漢」而吃上官司。了解這些「微妙距離」原則，才不會誤觸別人身體禁區。

因此，本章選片包含青春期孩子的身體、心理反應，以及家暴、婚前性行為、懷孕怎麼辦、性騷擾事件等議題探討。同時，我也希望藉由台灣電影《童話‧世界》討論權力不對等所產生的親密辯證，這些題材與內容都說明了教育部規定校園禁止師生戀的理由。畢竟權力不對等的情感，於上對下可能產生諸多不平等要求，於下對上則可能產生超越現實的想像，造成一輩子的陰影。

青春養成記

轉大人熊熊來
有陪伴不煩惱

青春養成記（Turning Red）

- 類型：動畫片
- 說明：美國、2022 年、100 分鐘
- 分級：保護級

故事內容

家住加拿大多倫多的美美，在學校是學霸、在家是母親的乖寶貝。某天她發現自己激動時會變成紅貓熊，從此掀起生活上的波瀾與混亂。她如何當孝順聽話的乖女兒同時面對青春期身心混亂？這是皮克斯獻給青春期孩子的作品，一段關於家庭、親子與女孩友誼的動人故事。

▶ 影片的亮點

本片一開始沒有在電影院上映，卻打破線上串流平台 Disney+ 全球首映觀看紀錄拿下冠軍，是皮克斯首位華裔加拿大籍女導演石之予的作品。劇中藉紅貓熊暗示「女孩轉大人」的身心變化，衝擊之中饒富幽默與溫暖，精準捕捉青春期孩子如野獸般的能量、偶像崇拜狂熱、華裔父母對學習成績的重視，以及亞洲與西方國家不同教育方式，最後體悟每個人都有內在潛藏特質，需要經過歷練與鼓勵，才能轉換成日後人生奮鬥能力。

▶ 向角色學習

美美：成績優異的亞裔學霸，數學成績表現最傑出。雖是獨立自主的新時代女孩，一心想成為翻轉家庭命運的使者，但內心不斷在勇敢做自己與當個聽話的乖女兒之間拉扯。在得知家族女性都有變成紅貓熊的宿命後，毅然決然做出與長輩不同的選擇。

同學：美美進入青春期後，比家人更重要的閨密姊妹淘，總是背著父母分享祕密，做些自己喜歡卻又鬼鬼祟祟的事情。因為彼此的幫助和慰藉，讓大家得以在青春軌道上持續成長。

媽媽：要求嚴格的虎媽，希望美美達成自己的期望，因為她也在母親的嚴格要求中長大，雖不喜歡卻難以掙脫傳統束縛。直到她發現青春期的美美就是自己從前的翻版，因而在母女和解後了解到，媽媽的使命是陪伴孩子並在成長過程中給予溫暖力量。

用電影和孩子一起學會愛的能力

紅貓熊：虛構的神話動物，代表女孩初經與女性內在爆發力。「紅色」代表熱情與幸運，「毛茸茸」則代表荷爾蒙變化的身心不適與強大孕育創造能力。

▶ 引導式提問

Q：本片如何呈現孩子進入青春期的樣貌？大人如何面對青春期孩子？

A：人生有兩次叛逆期，第一次出現在幼年，第二次就是青春期。青春期是親子關係的修羅場，此時孩子難以被馴服，不時突發獸性釋放內在衝突。大人必須更理解、更包容他們全身長刺、說話粗魯與行為衝動背後真正想表達的需求，才能避免親子關係緊繃衝突不斷。

片中呈現青春期孩子的四大特點：一是開始喜歡偶像。二是迷戀許多事物，想參加社團活動或挑戰家庭既有規矩。三是想跟朋友整天聚在一起，甚至無話不談。四是說話伶牙俐齒、情緒起伏大，脾氣也不好。

Q：「紅貓熊」象徵什麼意義？你的青春期經驗為何？

A：除了隱喻女性的經期，還包含對女性的束縛、文化傳承與實踐，以及需要被破除的完美主義，同時象徵追求內外在平衡的過程，以及外在表現出來的內在衝突。男性雖然沒有經期，但內心同樣有很多想暴衝的怪獸。在社交媒體發達的現在，這些青春期的怪獸，於外想討好、取悅他人，於內則充滿無法苟同大人觀念的忿忿不平。一味想把怪物趕走不過是削足適履，學會和平相處才是真正的解方。

Q：片中美美與媽媽有何糾結？這句「為你好」對孩子好不好呢？

A：本片從女性觀點探討母女相處之道。媽媽雖不喜歡外婆對待她的方式，但她卻以同樣方式要求女兒。最後在穿越靈界、重新封印紅貓熊後終於明白，無論對女兒或自己都過於嚴苛，追根究柢不過是因為害怕被指責「沒教好子女」。

女性常被過度要求而阻礙自我成長，所以要學會覺察這些要求是否以「保護孩子之名而行控制之實」。更重要的是理解女性內外在辛苦，在親子互動過程中鼓勵孩子表達意見，認真傾聽並適時給予建議。孩子受點傷、多走些冤枉路，都是成長必經過程。父母不必偽裝堅強，適時放下不必要的尊嚴，反而能與孩子在挫折中互相扶持並學會獨立勇敢。

Q：美美最後為什麼留下紅貓熊？如果是你會如何選擇？

A：美美在親眼看到偶像表演後，發現台下的他們也有不同生活面貌，終於明白不必迎合他人的期望，也接受紅貓熊就是自己的重要特質，因而做出與媽媽和其他長輩不一樣的決定。紅貓熊雖然偶爾會讓日常生活混亂，但學習接受並與牠和平共處是人生重要課題。

Q：在成長過程中如何判斷要聽爸媽的話，還是聆聽自己內在的聲音？

A：父母常認為為孩子鋪好路，他們就不必浪費時間繞遠路。但青春期的孩子特別想要脫離父母的原因，往往是覺得大人管教太過，所以極力爭取「做自己」的機會。青春期是訓練孩子獨立發展的重要階段，父母要鼓勵他們建立「自主權」，讓他們擁有權力決定自己未來要走的路。

用電影和孩子一起學會愛的能力

父母必須學習放手讓孩子有機會適度發展，也許過程中會受傷，卻可避免日後逃避責任，而將失敗全都歸咎給別人。一旦了解每個人都有選擇權，就會懂得避開「挖洞給自己跳」的錯路。片中當媽媽與美美的關係達到平衡時，我們也看到她與外婆和解了，終於可以大聲對女兒說：「妳走得愈遠，我愈驕傲。」

《青春養成記》
電影預告

你是好孩子

小小的擁抱
也能發揮強大的能量

你是好孩子（Being Good）

- 類型：劇情片
- 說明：日本、2015 年、120 分鐘
- 分級：保護級

故事內容

相同的小鎮與時間，三個故事正在發生，主角包括小孩、
媽媽及老師等。雖然角色年齡不同，卻都有著無法釋放
的情感，最後因為孩子的純真而逐一解鎖，進而在意想
不到的相遇後，讓每個人懷抱勇氣邁開嶄新的一步。

▶ 影片的亮點

本片是日本知名女導演吳美保的作品，改編自日本得獎小說。透過導演溫柔的手撫慰片中每個受傷角色，以多線敘事方式反映出現代社會單親、家暴、自閉症、受虐兒與失智獨居老人等議題，希望讓觀眾明白，當我們對別人伸出雙手時，其實也是在跟小時候受傷的自己和解，從而了解「好孩子」的真意。

▶ 向角色學習

岡野：小學菜鳥老師，教學認真、個性優柔寡斷，總是在家長與學生之間疲於奔命。面對難搞家長及學校政策，讓他一再受到震撼教育。在傾聽姊姊與外甥的對話中，開啟自己教學生涯的另一扇窗。

雅美：先生長期在國外工作的偽單親媽媽。外表看似溫柔，卻常情緒失控對女兒暴力相向，但在事後又充滿懊悔。這些恐怖行為的背後，都是小時候遭受類似對待的沉痛影響。

秋子：學校附近的獨居老人，曾在超市購物忘記付錢差點被抓，因而擔心自己罹患失智症。巧遇自閉症孩子後，意外展開忘年之交的友誼並豐富彼此生命。

姊姊：離婚後搬回娘家住，個性獨立自主。歷經失婚體悟出世界和平的道理，只要大人好好對待小孩，小孩也會溫柔對待別人，世界就會變得更好，對岡野有重要的影響。

鄰居：個性開朗又不拘小節的母親。家裡雖然有點亂，卻擁有細膩的觀察力。由於自己也曾經歷切膚之痛，所以當她看出雅美曾是受虐兒時，便對她的境遇特別疼惜。她在雅美失控變臉暴力教訓女兒時，給予擁抱化解內在傷痛。

▶ 引導式提問

Q：你對片中三個故事何者最有感觸？帶給你什麼樣的感動？

A：第一個故事是剛接四年級班導的菜鳥老師，因缺乏帶班經驗使班級秩序瀕臨失控，同時還要疲於奔命面對學生背後的酗酒與怪獸家長。第二個故事是偽單親家庭主婦雅美，她小時候曾遭暴力對待，因此情緒來襲時也如法炮製打罵女兒。第三個故事是獨居老人秋子與自閉症孩子的忘年之交。三個故事看似各自發展，卻殊途同歸充滿溫暖與傷感，帶給觀眾不同生命體悟，適合親子討論。

Q：擁抱真的能產生意想不到的力量嗎？試著和家人擁抱並分享你的感覺。

A：當岡野因為工作而感到無力沮喪時，外甥突然擁抱他，讓他感受神奇力量。隔天也安排回家功課給學生，要求每位同學回家與家人擁抱。後來學生在課堂上被半強迫的做分享，原本嘈雜的教室頓時洋溢陣陣歡笑，凝聚班級向心力。擁抱在片中是非常重要的動作，也是癒合心靈傷口最佳方法。

Q：為什麼對小孩施暴的媽媽本身也是受害者？我們可以如何處理？

A：很多人以為家庭主婦不用上班，在家時間多且清閒。事實上她們要教養小孩、煮飯、打掃，還要應付突如其來生活瑣事，永遠不得「下班」。這樣的生活早就累積許多無處發洩的壓力，加上雅美童年受虐的傷痕沒有得到處理，因此女兒突然出現過失時，無助與壓力導致她情緒失控爆炸，用自己的受虐經驗來對待小孩。但從她事後的悔恨及歉意，可看出她也需要有人關心並適時拉她一把，也許我們無法拯救全世界，至少可以努力學習關懷周遭的人。

Q：怎樣才是好孩子？你覺得自己是好孩子？父母也是好家長嗎？

A：「好孩子」代表乖巧、聽話、懂事又孝順嗎？有些定義歷經時代變遷早已不同，爸媽必須清楚知道自己希望孩子成為什麼樣的人，才能進一步思考是否這樣就是「好孩子」。至於「好大人」又如何定義？其實孩子要的很簡單，就是希望被肯定。

無論大人或小孩，惡言與巴掌等傷害行為都會深烙心裡，成為不斷的負向循環，必須勇敢面對成長創傷，才有機會得到協助與處理。

Q：影片的開放式結局傳遞什麼意涵？

A：三個故事同樣都在傷痛與混亂中走向平靜，並且傳遞溫暖訊息同時也在學校日巧妙交集：當岡野老師看到特教班的孩子與家長一起上課時的快樂，他決定跑到一位有家暴父親的同學家裡，就在他抬起手要敲門時電影就結束了，導演將之後的結果留給觀眾想像。

電影希望孩子明白，遭到暴力對待不是自己的錯，而是大人用錯方式對待自己。身為大人的我們，在關心自己孩子的同時，能否也注意到其他孩子正在發出求救訊號？不管是大人或小孩，都應該學習用好的方式來對待他人。

《你是好孩子》
電影預告

用電影和孩子一起學會愛的能力

嬰兒轉運站

生命的誕生
成爲人性的試煉

嬰兒轉運站（Broker）

- 類型：劇情片
- 說明：南韓、2022 年、130 分鐘
- 分級：保護級

故事內容

未婚媽媽將兒子丟包在嬰兒保護艙後，被洗衣店老闆及教會員工聯手偷走，決定高價賣給其他家庭。他們在運送嬰兒的過程中先是被兩位警察一路跟蹤，後來又加入偷溜上車的育幼院童，因而莫名展開意料之外的旅程，並且發展成沒有血緣關係的家人，譜出底層小人物溫馨又心酸的成長故事。

▶️ 影片的亮點

本片是日本知名導演是枝裕和首部執導的韓國電影。非血緣家庭羈絆是導演作品常見的核心議題，本片的公路旅程透過多線敘事的不同視角，以溫馨、和平方式解開角色身世之謎與難處，彷彿歷經心靈淨化儀式後重新省思生命意義。明亮視覺感照見底層人物的辛酸與黑暗，為沉重議題挹注涓涓細流溫暖。

▶️ 向角色學習

素英：殺死情人後把孩子丟包嬰兒保護艙的未婚媽媽。她對孩子的愛與對人生的絕望，顯現未婚女性缺乏資源與支持力量的困境，令人鼻酸。

相鉉：債台高築的洗衣店老闆，與妻子離異後又與孩子脫離關係，是個不符合社會期待的父親。雖從事人口販賣，但待人和善且敦親睦鄰，處境讓人同情。

東秀：在孤兒院長大，任職教會負責嬰兒保護艙工作。雖外表帥氣和善，心裡卻怨恨母親遺棄他。結束運送嬰兒旅程後逐漸對身世釋懷，諒解生母可能有不得已的苦衷，同時也願意當嬰兒的爸爸。

秀珍：外表冷酷、工作認真的女刑警。起初緊迫盯人，但隨著跟監、監聽時間愈久，她覺得自己更像「人口販子」。面對素英的辯解：「孩子生下來前先殺掉，罪會比較輕嗎？」她幾經內心衝突，最後終於決定網開一面。

用電影和孩子一起學會愛的能力

李刑警：秀珍下屬，富同理心的執法人員，片中多線故事的旁觀者。過程中的許多想法與決定，凸顯他在片中是最客觀看待事情的人。

　　海進：愛踢足球、渴望被領養的育幼院童，偷偷躲進相鉉車內一起踏上旅程。他的加入讓過程增添歡樂，是片中非血緣家庭的黏著劑。最後他請素英對每個人說：「謝謝你的誕生。」對愛的熱切感動所有人。

▶ 引導式提問

Q：什麼是嬰兒保護艙？你對這個制度有什麼看法？

A：嬰兒保護艙最早源自 1198 年義大利的「棄嬰輪盤」。18 世紀與 19 世紀時數量愈來愈多，之後消失一段時間後於 1996 年再度出現並改名為「嬰兒保護艙」。

嬰兒保護艙制度存在日、韓等國，但同時備受爭議。聯合國認為它違反 1989 年制定的《兒童權利公約》。支持者認為，該制度讓流離失所的嬰兒得以生存；反對者則認為，設立後並未降低嬰兒死亡率，反而致使父母更容易拋棄孩子。兩派觀點各有道理，存廢問題適合親子一起討論。

Q：遺棄孩子的女性就是壞媽媽？她們可能有什麼不得已的苦衷？

A：片中有個值得討論的問題：「為什麼素英要把孩子放到嬰兒保護艙？」原本她將孩子放在地上，後來又放到嬰兒保護艙。她既無法照顧孩子，又擔心自己的身分曝光，但隔天又改變主意回來想帶走孩子，徘徊不去的矛盾與兩難表現出為人母的焦慮與不捨。

我們能理解素英丟棄孩子的心情嗎？她說：「把孩子生出來然後丟掉，或是生出來前先墮胎，這個罪孰輕孰重？但不管結果如何，都是拋棄孩子的母親。」話中得見無法養育孩子母親背後不得已的苦處，需要旁人更多同理與同情，而非帶著有色眼光認定她們就是「壞媽媽」。

Q：電影有哪些感人的橋段？「謝謝你的誕生」為什麼成為劇情重要關鍵？

A：其中洗車的片段讓人印象深刻，因海進沒有關好車窗，讓所有人淋得溼漉漉。這是很棒的映襯效果，雖車內的人各懷鬼胎，但洗車時大家暫將賺錢目的擱置一旁，得到盡情開懷大笑的片刻時光。

素英在深夜旅館裡一句又一句說出：「謝謝你誕生在世界上。」每個人的臉上雖沒有明顯表情，但都流露出對原生家庭的遺憾與渴望。沒有血緣關係的人在素英答謝的那一刻，反而更像守護彼此的家人。雖然素英最後背叛眾人向警察自首，但其他人卻因理解而顯現慈悲。

Q：片中提出哪些兩難情境？這樣的安排有什麼用意？

A：首先是生養或棄養的抉擇，墮胎或生出來再丟棄哪個決定比較好？面對無解的兩難，無法簡單用好壞來下定論。而對於那些無法被父母照顧的孩子，應該留在育幼院或被收養？韓國平均每 40 個育幼院童只有一人會被收養。就算幸運去了收養家庭，心中也永遠存在罣礙及疑問。

此外還有善惡批判的對決。片中一開始的負面角色，隨著旅程展開大家在車上或旅館逐漸卸下心防，並且互相關懷、療傷，觀眾看到他們內心的善意、明白每個人都有不得已的苦衷，理解善惡無法一概而論。而當

用電影和孩子一起學會愛的能力

血緣關係崩解，因緣際會的「假家人」反流露出更像家人的情感。那麼血緣關係的重要性是什麼？留給大家省思。

Q：秀珍刑警為什麼改變原來的想法？結局想告訴觀眾什麼？

A：秀珍沒想到這個販嬰集團存在這麼多情感連結，她認為只要孩子「不像是」被拍賣，繩之以法與否也沒那麼重要了。原本立場最強硬的她，最後居然意志動搖成了「婦人之仁」，還答應入獄的素英幫忙照顧孩子。「秀珍」這個角色讓故事更具說服力，也強調眾人可以透過理解並主動伸出援手，幫助走投無路的媽媽得到力量，讓孩子得到更幸福的歸屬。

《嬰兒轉運站》
電影預告

哈勇家

不要忘記從前
我們來自同一個地方

哈勇家（GAGA）

- 類型：劇情片
- 說明：台灣、2022 年、111 分鐘
- 分級：普遍級

故事內容

泰雅族部落三代同堂的領袖家族，因為一塊土地被奪走，所以大兒子巴尚決定出來競選鄉長，此時剛從紐西蘭回國的未婚女兒阿莉竟被發現懷孕。選舉與未婚懷孕引爆家族危機，甚至造成兄弟失和。在事與願違中家族更能感受祖靈 GAGA 精神的重要，並以樂天、幽默處世哲學，鼓舞繼續前進的生命力量。

▶ 影片的亮點

本片獲金馬獎多項入圍，創下金馬影史上首位台灣女性獲得「最佳導演」的紀錄。捨棄獵奇窺探視角，藉由通俗情節讓觀眾置身大自然恬靜氛圍，產生對神祕祖靈的崇敬，描述任何國家、文化與族群都會遭遇民生問題的普世經驗。

▶ 向角色學習

哈勇阿公： 泰雅部落的領袖耆老，從他帶著孫子及族人去山中打獵，再到指導建造傳統屋舍，一切皆遵守泰雅族傳統 GAGA 教導。最後他在家中的烤火房睡夢離世，智慧與精神傳承後世永存。

哈勇阿嬤： 家中的和事佬，阿公過世後成為整個家族的精神支柱。面對大小兒子衝突，她努力維持家庭和諧；面對孫女未婚懷孕，也盡心照顧沒有太多指責。她如同烤火房的熊熊火光，溫暖照耀著家族裡的每一份子度過重重難關。

巴尚： 家族大哥，從事部落旅遊及社區發展工作，因被鄉長欺負而決定競選，希望藉此回復家族榮耀，並且擺脫「失敗者」形象。面對複雜選舉及女兒懷孕衝擊，他洗心革面再創不同人生。

阿莉： 巴尚女兒，去紐西蘭打工回來後發現懷孕，內心的恐懼與不安最後在家人的關心與支持下逐漸消除。她沒有接受男友建議返回紐西蘭，反而留在部落守護家族。

Andy：阿莉男友，在紐西蘭長大的華裔，只會說英文，在片中是身分認同議題的隱喻，照映出原住民學習漢人文化後產生「我到底是誰」的處境。他因文化差異，導致溝通過程發生許多啼笑皆非的效果，讓人省思文化失根危機，察覺失去自己的文化，容易成為失根的下一代。

以諾：家中長孫與開心果，家族情感連結與文化傳承的重要角色。對阿公的教導謹記在心，不僅會吹口簧琴，甚至還迫不及待想學殺豬技巧，對自己的文化傳統充滿驕傲。

▷ 引導式提問

Q：片中未婚懷孕有什麼重要意義？哈勇一家如何處理面對？同樣的事發生在我家該如何解決？

A：隨著社會愈來愈開放，看見不同世代對未婚懷孕的觀念差異，阿嬤覺得違反 GAGA 精神很不好，但轉身又煮雞湯給孫女補身。而阿莉爸爸則是堅持殺豬宴請族人，宣告女兒訂婚。沒想到卻在上台真情吐露對阿莉的虧欠時，讓父女原本冰凍、停滯的情感關係破冰。

片中以阿公過世為開始、以嬰兒誕生做結束，傳遞生老病死是人生常態，就算意外到來的孩子也可凝聚家庭力量。如果孩子發生相同狀況，應給予更多理解及安全感並用愛接納，讓孩子更有勇氣為後續處理及負責。

Q：片中提到泰雅族的「GAGA」代表什麼意思？

A：泰雅社會以血緣、共同約定及祭祀典禮等要件發展而成，是遵守祖訓的

用電影和孩子一起學會愛的能力

原住民族群。GAGA 既是生活約定俗成的規範，也是傳統文化的戒律守則，更是幫助族人過好生活的日常指南。

阿公提到「夢」是祖靈指引、擺放打獵陷阱要有先來後到、建造房子絕不能偷工減料等，因為這些都是幫助全體族人過冬的準備。GAGA 是片中重要精神象徵，讓觀眾看到哈勇家族實現 GAGA 精神的完整歷程。

Q：從哪些情節可看出文化傳承與母語振興的重要性？

A：透過以諾賣鞭炮找錯錢與小客人的對話，可以發現年輕一代的原住民大都以「國語」交談，會說「族語」的幾乎都是老人。對比哈勇阿公與阿嬤以族語交談，下一代卻愈來愈無法順暢說族語。

而阿嬤指導 Andy 種菜的情節，則是表現原住民教導漢人務農，傳達親近土地的重要。

片中對白有大量泰雅族語，甚至延伸至主題曲，讓觀眾明白文化傳承有賴語言及習俗為媒介，如果缺少母語的口說經驗，就很難保留族群及部落故事。因為保護語言，就是在傳承文化。

Q：片中有哪些關鍵的象徵？傳遞什麼意涵？

A：哈勇家的烤火房，是許多重要事件及情感轉折的地點。例如以諾在這裡吹口簧琴並與思念阿公的阿嬤舞蹈、揭曉阿莉未婚懷孕的真相，以及巴尚倆兄弟情感復合等，都在這裡發生。而當部落大停電時，大家必須回歸傳統在烤火房裡燒火取暖，房中的火爐就像祖靈眷顧，見證全家情感重新修復。

同時，石板屋頂代表文化保存重要價值，並且是特殊地景與地貌。由於取巧偷工，因而在揭露大典上發生屋頂坍塌意外，彷彿遭受祖靈教訓。除此之外，殺豬儀式在片中總共出現三次，一是歡迎觀光客到訪時的表演、二是為了籌辦阿莉的「訂婚宴」而祈求祖靈不要生氣，三則是由以諾動手象徵成年禮意義，同時也慶祝阿莉的孩子誕生，讓家族凝聚生生不息的向心力。

Q：片中有哪些迷人之處，感受到祖靈存在的氛圍？

A：開場的雪景在中央山脈南湖大山與雪山山脈交會鞍部的思源埡口拍攝，這裡是泰雅族群的重要生活地，其實當地下雪機會並不多。但拍攝當時彷彿蒙受祖靈庇佑降下瑞雪，於煙霧繚繞的山中讓人油然而生崇敬自然的心情，感受祖靈圍繞守護族人的神奇。這些有如幻境般的美景與氛圍，提升了電影的藝術性。

Q：電影由原民女導演及素人演員合作而成，有什麼不一樣的風格？

A：本片是導演陳潔瑤的第三部劇情長片。身為泰雅族年輕一代，她已不會泰雅婦女傳統的織布方法，但她可以用電影來替代，希望告訴原住民的孩子，我們有更多機會創造族群故事並傳遞文化價值，因為這也是祖靈力量的展現。

影片中幾乎全部的演員都是素人。素人的自然表現，淡化了藝術設計的鑿痕，加上臨場發揮的台詞，讓整體看起來就像是真正的一家人，這些都是電影成功的地方。

用電影和孩子一起學會愛的能力

透過主題曲〈烤火的房〉的歌詞：「雪在下，抬頭望，星星已點亮，不要忘記從前我們來自哪一座高山……」能深刻感受泰雅文化之美。身為台灣人，認識更多的原住民文化相當重要，因為這是最能代表台灣的本土文化。

《哈勇家》
電影預告

偶一爲之

懷孕的迷途少女
性別平權正發聲

偶一為之
（Never Rarely Sometimes Always）

- 類型：劇情片
- 說明：英國及美國、2020 年、107 分鐘
- 分級：輔 15 級

故事內容

奧頓發現自己懷孕了，她不敢向父母坦承，由表姊陪同前往紐約做引產手術。她在這段都會旅程中備受剝削而隱忍，不但考驗觀眾的承受力，也是練習重新擁抱受創自己的絕佳機會。

▶ 影片的亮點

本片獲得 2020 年柏林國際影展評審團大獎。導演取材日常，緩緩敘事 17 歲未婚懷孕少女在墮胎旅途中所飽受的身心壓力，並且配合特寫、光影變化等拍攝手法來表達女性承受的折磨。雖然議題沉重，卻可讓青少年理解未婚懷孕的影響，頗有警示、打預防針的效果，強力推薦給青少年男女。

▶ 向角色學習

奧頓：內心抑鬱的少女，生活在父親無禮又暴躁的失能家庭，非常渴望獨立。得知懷孕後計劃前往紐約墮胎，希望奪回身體自主權，歷程雖然孤單、落寞，但卻意志堅定。

斯凱樂：奧頓表姊，兩人同在超市打工，是奧頓唯一的朋友，也是她紐約行的精神支柱。她悉心陪伴、關心備至，縱使奧頓心情不好時賭氣叫她走開也不曾負氣離去。也因為有她，兩人才換到錢買車票回家。

社福機構：片中出現賓州與紐約兩間協助墮胎機構，前者限制多又保守，後者作風自由而且人道，同時設計的調查問卷極其高明，讓人得以透過簡單的四個單詞回答，察覺奧頓的遭遇與內心苦楚。

行李箱：帶著上路的行李，沉重卻又無法拋棄。隱喻女性內心承載諸多壓力，以及隨時遭他人揭探隱私的不安。同時又像奧頓身體內隱藏的小生命，以及她所做的沉重決定，每一步都走得維艱。

▷ 引導式提問

Q：英文片名「Never Rarely Sometimes Always」有何意涵？對劇情有何影響？

A： 這是紐約社福機構問卷內容的四個答案選項。在這份「頻率」尺度量表問卷裡，答題者可就「你有幾個性伴侶？」、「性伴侶是否拒絕使用保險套？」、「性伴侶對你施暴的頻率？」、「強迫發生性行為的頻率？」等題目來擇取合適的選項做答。社工告訴奧頓，這不是考試，不必害怕寫錯。

然而，每道問題都像利刃劃破奧頓的心，逼迫她重新回想難堪的隱私。但也因此讓奧頓的冷漠態度破冰，逐漸在思考與回應過程中釋放內心沉重壓力，進而對社工產生信任。

Q：片中奧頓刺鼻環代表什麼意義？你有什麼感覺？

A： 導演透過日常生活作為，表現青少年在窘境中如何處理自己內心解不開的難題。

這些看似傷害身體的行為，如同儀式般宣告奪回自己的身體自主權。而過程中的疼痛、流血與孔洞，像是迫切想翻轉自身下體命運的渴望，堅決做自己身體的主人。

Q：哪一位男性應該為奧頓的懷孕負責？認識身體自主權有何意義？

A： 雖然電影刻意不做明顯表達，但包括片中罵奧頓蕩婦的男生、出言辱罵她的父親，以及毛手毛腳的職場經理等，可能都要為奧頓的懷孕負責。

片中導演並未對孩子的生父埋下線索，反而聚焦探討女孩如何面對及處理墮胎棘手問題。若活在男性張牙舞爪的世界裡，女性被迫懷孕隨時都有可能發生，更凸顯孩子從小認識身體自主權的重要。

Q：片中哪些橋段與畫面代表對女性的性別剝削？如果是你該如何回應？

A：奧頓在打工時所說的「Girl Problems」，包括月經來時所吞的止痛藥，以及身上的胸罩勒痕等，處處可見女性在日常生活中因身體構造所忍受的辛苦。

她在舞台上自彈自唱歌曲〈He's got the power.〉被台下男同學罵蕩婦、爸爸說她是賤貨、職場經理的性騷擾，以及前往紐約墮胎途中不絕於耳的猥褻話語等父權暴力，全都是存在任何地方的日常，加上最後表姊必須用「與他人接吻」方式才借到回家車費，顯現女性隨時處在被侵擾的環境。

電影透過沉重的劇情提醒青少年男女，學習保護自己並培養求援能力刻不容緩。

Q：你對墮胎有什麼看法？未婚懷孕可以怎麼處理？如果發生在親友身上如何幫忙？

A：女性墮胎權近幾年再度引起討論，特別是在美國最高法院宣布該權利不再受憲法保護後又引發熱議。墮胎權的存廢問題有許多複雜討論面向，究竟該聚焦在未婚媽媽或肚中生命的人權？

片中社工說：「無論做什麼決定都沒有錯，只要是自己做的決定就好。」

無留住或放棄，痛苦與煎熬都是懷孕女性承擔。墮胎好不好？對不對？這不是考試，沒有標準答案。重點是我們能否給予旁人更多溫暖、社會是否能提供更多元求援管道、未婚懷孕少女有無更多協助資源等，這些才是減少墮胎與其衍生問題的根本解決之道。

《偶一為之》
電影預告

用電影和孩子一起學會愛的能力

池畔風暴

液態的事實
誰說的才是眞相

池畔風暴（Liquid Truth）

- 類型：劇情片
- 說明：巴西、2019 年、90 分鐘
- 分級：輔 12 級

故事內容

身材魁梧、外型帥氣，受學生喜愛的游泳教練，突然被家長指控在更衣間親吻六歲男學生。家長在群組表示擔心，深怕自己的孩子成為下一個受害者，而當事人的家長更直接在社群網站發文定罪，號召自以為正義的群眾展開制裁，一連串舉動引起警方介入調查。但事件撲朔迷離，真相未明前已延燒成醜聞，把教練逼到崩潰邊緣。事實會因為這些人的說法浮出水面嗎？

▶ 影片的亮點

本片在許多國際影展獲得最佳影片殊榮，劇情最特別的地方在於從頭至尾的「不確定性」。教練到底有沒有對男童性騷？雖事件尚未定案，卻已看到人性弱點與對正義評論的諷刺，如同泳池水面漣漪不斷。片中用許多細節與符號來對未審先判能否真相大白做探討，因而留下更多元解讀與省思，適合師生與親子取材進行高層次辯論。

▶ 向角色學習

魯本斯：個性隨和大方，總是和學生打成一片的游泳教練，很得孩子喜歡，沒想到卻引來師生性騷擾疑雲。尚未得到本人解釋前，家長已經上網爆料，讓他面臨失業與坐牢危機，甚至成為網路上被獵巫的對象。

艾力克斯全家： 面對爸爸嚴肅責問，艾力克斯告訴分居的雙親，教練對他做出親密舉動。爸爸氣得跑去控訴，一口咬定教練是同志，媽媽則在社群網站瘋狂發文。一家人溝通過程的窒礙與空白，值得觀察與省思。

同事：他在魯本斯的置物櫃裡找到男童泳褲，因而成了驗證犯行的證據。不知前因與後果的情況下，這樣的行為動機是出於忌妒或栽贓？或是偏見之下以偏概全的認定？

更衣室：片中的重要意義象徵，魯本斯和同事的不雅對話、對男童的親密舉動、長官與他討論案情，以及違反規定的抽菸行為等，所有隱晦、無法查明的真相及對話全部都在此發生，變成所有祕密聚集的核心。

社群網路：是鄉民的正義，還是群眾的霸凌？網路上的言論非常容易毀掉一個人。編導藉此羅生門案件抨擊群眾盲目，那些以網路為工具的斷章取義，只會讓事件更無法公正、多元的被討論。尤其是在真相未經證實前，網路上的捕風捉影是現代人一不小心就會誤踩的道德界線。

▶ 引導式提問

Q：英文片名「Liquid Truth」及海報可以看出什麼意涵？

A：「Liquid Truth」直譯為液態真相。將流動液體放入任何容器，就會隨著容器變成任何形狀。特別是在資訊發達的時代，有多少媒體報導、有多少人介入，就有可能產生多少種「真相」。

海報主視覺是鏡子裡外的兩個教練，看似同一人，卻呈現左右相反的兩張臉，表示事實的正反兩面。當我們從鏡子裡辨識出某人時，其實看到的並非真實的人，而是載體反射出的片面觀察，觀眾可以據此從片名與海報察覺隱喻。

Q：相信片中誰的觀點？生活中有無類似經驗，顯示真相不只一個？

A：觀眾可能覺得教練運氣很背，不斷遭受恐龍家長與網路鄉民圍剿，但反向觀察可能有不同解讀。片中提供一些證據，然後出現不同看法，例如魯本斯其實有女朋友，不過是他以前的學生，男童也可能避開父親責問而編造驚人答案轉移焦點，電影只給出部分事實搭配紛雜觀點，讓觀眾拼湊想法。就像生活中常見衝突，不也是各說各話的眾說紛紜嗎？

Q：片中大量的「特寫」鏡頭產生什麼效果？帶出什麼隱喻？

A：鏡頭特寫魯本斯在車上哭泣，但並未說明原因。還有男孩在車上與父親交談時，鏡頭也只對準父子倆拍攝臉部特寫，導致觀眾看不到車內全貌，搞不清楚他們的座位前後位置，因而無從判斷兩人關係親疏遠近。

特寫鏡頭帶出的狹窄視野，讓觀眾無法看清楚每個角色的「全部」，因為缺乏全貌，所以只能發揮想像以管窺天，藉此提醒觀眾：其實所有人都不知道事實真相。

Q：電影傳遞哪些警惕？如何掌握師生之間或與他人相處時的距離界線？

A：有時一句玩笑話，最後竟變成他人的呈堂證供，就像片中學生脫口而出的話致使教練身敗名裂。這樣的結果多少會讓一些老師戰戰兢兢，深怕付出太多而誤踩紅線。

師長在處理孩子的事情時，理應保持適當距離、避免肢體碰觸，更不要在隱密空間單獨相處，這也是必須教導、提醒孩子與別人相處時應該留意的地方。電影同時提醒我們，在追求真相時也要維護身體自主權。

Q：網路社群時代該有哪些媒體素養？有鄉民正義最後逆轉的真實案例？

A：處在「人人皆狗仔、大眾皆法官」的時代，任何人都可能成為當事人。雖說眼見為憑，但被拍到或錄下的片段極可能也經過「處理」，而成為與事實不符的風向。鄉民正義真的是正義嗎？在一頭熱的發文前務必警惕自己再三思考，因為發出去的文都會留下數位足跡，真相大白前千萬不要失去理智。

用電影和孩子一起學會愛的能力

之前屏東議員蔣月惠在阻擋縣政府拆除民宅時咬了女警，然後在警局暴哭引起網路撻伐。當時雖有人質疑強拆民宅的正當性，但也有人發文為她辯護，指出她對弱勢團體的付出與努力，因而讓蔣議員甚至被稱為「孤鳥鬥士」。網路快速傳播的片段內容，反而讓事情的對錯好壞難以在短時間內梳理清楚。

《池畔風暴》
電影預告

延伸片單特搜
〈錯愛〉篇

1.《隱藏的大明星》Secret Superstar

熱愛音樂的蒙面女孩如何成為勇敢追夢的神祕巨星？通俗催淚又溫暖勵志，和韓劇《少年法庭》、台灣電影《血觀音》都是探討原生家庭家暴議題的作品。

印度 /2017 年 /150 分鐘 / 普遍級

2.《怪物》Monster

呈現同一事件的三種不同視角，不斷翻轉原有觀點，說出每個族群的壓力，帶給觀眾猛烈重擊。國際日本名導是枝裕和的顛峰之作。

日本 /2023 年 /126 分鐘 / 普遍級

3.《雙軌人生》Look Both Ways

高中意外懷孕的她，人生分裂成兩個平行世界。以輕快的喜劇探討青少年未婚懷孕的影響，《鴻孕當頭》、《當愛來的時候》也都適合一起欣賞。

美國 /2022 年 /111 分鐘 / 輔 12 級

4.《感謝上帝》By the Grace of God

曾被神父性侵的少年們，長大後選擇挺身而出，他們如何對抗這龐大的體系。美國電影《驚爆焦點》、韓國電影《以神之名：信仰的背叛》在此議題皆有可觀之處。

法國及比利時 /2019 年 /118 分鐘 / 保護級

5.《希望：為愛重生》Hope

令人髮指的兒少性侵害事件，揭發病態的校園、家庭及社會，部分真實案件也促

進南韓政府修法。《熔爐》、《嘉年華》、《露西亞離開之後》、《青春勿語》及韓劇《Signal 信號》皆有同樣的沉痛控訴。

韓國 /2014 年 /123 分鐘 / 保護級

6.《人選之人 ── 造浪者》Wave Makers

講述政黨幕僚的職人劇，深入討論家庭和性別，片中的職場性騷擾觸發台灣 Me too 浪潮，別具當代重要意義。《她和她的她》亦是探討類似議題的精采台劇。

台灣 /2023 年 / 共 8 集 / 輔 12 級

7.《D.P.：逃兵追緝令》D.P.

探討韓國軍中霸凌的多重面向，觸及家庭、性別及人權，和印度電影《偶滴神啊 2》、影集《馴鹿寶貝》同樣都是少數探討男性受創事件的作品。

南韓 /2021 年 / 共 12 集 / 輔 15 級

8.《可憐的東西》Poor Things

榮獲奧斯卡最佳女主角，敘事換腦復活的女子展開跨越性別、渴望平權的旅程。《偉大的印度廚房》、《82 年的金智英》皆是動人的女性自覺電影。

美國 /2024 年 /141 分鐘 / 輔 15 級

9.《童話‧世界》Fantasy‧World

台劇《八尺門的辯護人》導演的首部作品，改編自真實事件，聚焦師生戀的權勢性侵，探討受害人如何得到應有的正義，是一部值得做為青少年教材的佳作。

台灣 /2022 年 /110 分鐘 / 輔 15 級

10.《孟買女帝》Gangubai Kathiawadi

展現印度電影工業的強大實力，敘事性工作者如何在男性主宰的世界裡重啟人生。《禍水》、《花漾女子》、《正發生》皆是倡議身體自主權的傑作。

印度 /2022/154 分鐘 / 輔 15 級

愛的能力 第六課

珍愛
（眞）

相遇相聚

讓我們珍視生命的每個片刻

相知相惜

當我們認真經營關係中的對等

相愛相處

為我們譜寫人生的幸福樂章

—珍（真）愛——

選擇自己所愛
把握珍愛所有

走過愛情三角論的激情，本章重點聚焦在情感的親密與承諾，使得珍愛變成真愛。

《愛情三選一》是我很喜歡的電影，可惜看過的人不多。片中的男主角是單親爸爸，某天女兒在學校上性教育課時，將生小孩的過程鉅細靡遺描述，令孩子瞠目結舌、議論紛紛。

女兒迫不及待的問爸爸：「我的媽媽到底是誰？」於是爸爸告訴女兒自己生命中的三個愛情故事，讓孩子判斷誰才是媽媽。故事裡每段感情好像都是真愛，但為何無疾而終？而真愛又是什麼？是第一眼的認定，還是用心經營彼此關係，然後逐漸發展成真愛？

▎直球面對敏感話題，學生反而興致高昂

之前我們學校的校本課程「忠孝哈電影 SMILE」有一部新加坡電影《小孩不笨》，其中的學習單「理想父母百分百」，讓孩子票選「爸媽說什麼話讓你最不能接受？」沒想到學生陸續爆料許多家中內幕：「我爸媽吵架時，媽媽會摔盤子。」、「爸媽吵架時說話很難聽，還會打來打去。」、「吵

架時他們會互罵髒話。」我一字一句讀著感到驚訝不已，因為這些家長在我面前總是表現出「夫妻感情很好」形象，結果從孩子們的視角卻是截然不同的樣態。

我思考如何與這群半大不小的孩子解釋父母之間的關係。要與他們談「情」說「愛」嗎？內容尺度該如何拿捏才恰當？講得太露骨可以嗎？講少似乎又觸不到重點。我第一年導師班的學生都很奔放，對談情說愛特別感興趣，有感他們可能比城市孩子更早進入成人階段，我意識到性與情感教育必須更早告訴他們。

後來我播放鍾愛的德國電影《走出寂靜》給他們看，原本還擔心沉緩劇情與性愛床戲會讓學生坐立不安，出乎意料他們並不排斥。於是我藉劇情和孩子討論情感話題，引導他們思考：父母為什麼不懂女兒要為音樂夢想離家，也不願再當暗啞父母的翻譯，以及男女主角為什麼發生關係等。

我還大膽發給學生保險套，讓全班六年級同學摸摸看是什麼感覺。幸好那時候家長對此不以為意，後來這些正值青春期的同學也漸漸覺得我願意直球面對，和他們討論那些敏感又感興趣的事物，並會透過展演、唱歌、演戲與跳舞等活動，來發掘他們頻頻吵架、打架以外的才華，讓我安然渡過宛如震撼教育的第一年。

▍投其所好談情說愛，讓孩子明白大人的關心

我上一本書提到的小佑佑，也是對「情愛」特別著迷的班級，看著這些為愛躁動的孩子，每天都有說不完的愛情話題，一得空便開始交換感情

八卦，讓我思索如何和他們談「情」說「愛」。當時朋友剛好做了一副天使卡，我也跟著學習解牌技巧，然後告訴學生任何情感問題都可以來找老師玩天使卡，沒想到學生竟爭先恐後排隊來解牌。

我借助天使卡的理由，是因為這副卡牌沒有死神等卡片，指引提點也十分正向積極，而且每張卡牌代表一位守護天使，遇到問題時只要隨手抽一張牌，就可參考上面的天使指引得到解答，相當有說服力。看著學生虔誠抽出卡牌時的神情，我進一步結合自己希望孩子明白的道理做解牌重點，「這張天使卡表明你的個性是……。你需要做些改變，像是……。天使表示分離的一天總會到來，但分離也是下次相聚的開始……。」

後來班上的兩位好閨密同學告訴我：「那個天使卡真的好準！」原來她們晚上睡前會呼喚自己的大天使詢問愛情結果。多年後這些孩子在大學畢業前回來看我，她們對我說：「老師，您還記得天使卡嗎？感謝老師多年來的關心與幫助，我知道自己當時太重視愛了，但我也已經不是從前那個沒有自信的孩子了。」

看著當年對戀愛躍躍欲試的孩子，長大後反而沒有太積極尋找男朋友，這樣的發展讓我體悟，孩子每個成長階段都有不同的重心與喜好，我們適度投其所好走進他們的內心，才能確實傳達擔憂與關心。

我們要告訴孩子，無論愛情、親情與友情都需要努力經營，好讓真愛成為值得珍惜的感情。知名心理學大師埃里希‧佛洛姆（Erich Fromm）在著作《愛的藝術》中提到愛有四項基本元素：照顧、責任、尊重與了解。

這四個元素必須環環相扣，兩人才能在激情中彼此照顧、給予有承諾的責任，並且相互尊重與了解，進而在依存與溝通的過程中，在對方的生

　　用電影和孩子一起學會愛的能力

命裡認識真正的自己，讓愛自然而然產生。同時也要明白，「給予」是「愛」的重要關鍵，但並非「過度犧牲」，而是因為給予而豐富彼此生命。

▋ 相信自己值得被愛，也有能力愛人

本章透過影片分享愛的多元面貌，並且提醒大家如何經營情感關係的撇步。台劇《俗女養成記2》中的男女主角縱使分手，但因為彼此具備四項愛的基本元素，所以可以重新攜手共渡人生。而電影《月老》與影集《想見你》，則藉由輪迴與命中注定等劇情，體悟更值得擁抱的情感。

至於《樂來越愛你》，片中珍愛的彼此因人生際遇選擇分開，直到多年後重逢，曾經難以言喻的感謝與祝福全寫在回首凝視的眼眸裡。而《真愛每一天》則讓人思考，如果時間重來可以改變哪些人生決定？真愛是否存在認真經營的每一天？

我相信一段充滿「愛」的情感關係，會讓人容光煥發、熱愛生命且保有自我。生而為人，愛是本能，我們渴望被愛，也願意學習給予並接受愛。期待我們都能在愛中找到自己，相信自己值得被愛、有能力愛。

俗女養成記 2

珍珠與芋圓
我們就是彼此的人

俗女養成記 2
（The Making of an Ordinary Woman 2）

- 類型：影集
- 說明：台灣、2021 年、兩季共 20 集
- 分級：保護級

故事內容

維持第一季的特殊風格，以成年與孩童女主角穿插敘事
手法，來看小嘉玲的青春期階段、北漂失敗回台南，以
及搬進新房與男友同居、相處的矛盾、懷孕生子等過程。
劇中揣測兩人能否進入婚姻，探討祖父母、父母及弟弟
等不同世代家人如何勇敢自我追尋並重回人生道路。

▶ 影片的亮點

本劇獲頒日本東京國際戲劇節「海外作品特別賞」殊榮，被稱為台劇新的「天花板」。第二季拍攝更細膩具電影質感，以「主題」呈現大家庭不同時空的人生際遇，邀請許多知名演員客串演出。以大小嘉玲敘事雙線，結合青春期反叛與熟女邁向更年期的焦慮交錯進行，並結合歌舞及公路電影等元素，讓劇情流暢發展更添趣味。

▶ 向角色學習

陳嘉玲：台北奮鬥20年未能成功，選擇回老家重新開始，買下自己的房子並與青梅竹馬同居、懷孕。過程中她用愛對待旁人並被家人珍惜，最後分娩戲碼得見女人成為母親過程中的母女肺腑深情。

蔡永森：嘉玲最好的兒時玩伴，個性憨直、豪爽，道地台客。歷經婚姻及選舉失敗後改行當棒球教練，後來又為即將出生的孩子放棄棒球改行當房屋仲介，是位標準的暖男。

洪育萱：嘉玲的貴婦表姊，從小被要求完美，擁有高學歷並嫁給有錢人，但婚後生活屈從，總以精緻妝容掩蓋家暴傷痕。搬來與嘉玲同住後深受影響，終於願意離婚學習獨立。

陳晉文：嘉玲爸爸，自家中藥行繼承人，個性溫和、孝順且怕老婆，標準的好好先生。與舊愛重逢後叛逆不服老，終於在中年危機的亂流明白如何與妻子相守一生。

吳秀琴：嘉玲媽媽，管教孩子嚴格又愛碎碎念，但她教導青春期女兒對抗性騷擾的防狼口訣「戳眼睛、踢下面」，則是充滿愛的叮嚀。嘉玲生產時她在旁安撫打氣：「妳比我堅強、勇敢，不要害怕！」得見傳統女性在關鍵時刻無比堅韌的精神力量。

　　陳李月英：想去掉夫姓的嘉玲奶奶，是地方八卦傳播站。在歷經喪子之痛後重新面對人生，也曾搬出去住，過了一段隨心所欲生活。嘉玲問她：「快樂嗎？」她笑而不答，道出一言難盡又發人深省的答案。

　　陳嘉明：嘉玲弟弟，自覺人生早已被規劃，從未聆聽自己內在聲音，直到同性追求者出現才思考自己到底要什麼？雖然在三角關係中沒有做出選擇，但最後決定跨出舒適圈，出國當背包客，找回內心的樂章。

▶ 引導式提問

Q：本劇呈現哪些情愛關係？你最喜歡哪個部分？

A：第二季呈現更多愛的不同樣貌，例如祖孫、父母、子女、夫妻、朋友，甚至是同性之間，讓觀眾看到更多元的情感面向。劇集中許多深層對話，以及角色在不同年齡與家人和親友的相處之道，彷彿日常生活的縮影讓人產生共鳴。

　　這些細節讓觀眾投射自己的家庭與生活。看見祖父母、父母等不同世代對子女教養方式的改變與修正，劇情大膽深入探討：獨身、再婚、離婚、同志、未婚懷孕等議題，突破電視劇的尺度，看劇中人物逐漸邁向成熟同時帶來成長體悟。

用電影和孩子一起學會愛的能力

Q：劇中哪些角色呼應「珍愛」？他們如何經營情感關係？

A： 首先是婆媳、母女，以及家人的相愛相殺。特別是在爸爸「暈船」時，女兒同理媽媽的憤怒與傷心。而嘉玲與表姊之間的對抗與互助，得見數十年來女性形象的改變。

還有嘉玲與男友的情感互動，彼此沒有強迫對方，反而是嘉玲意外懷孕後主動求婚。透過兩人互相示弱並為對方著想，體悟良好兩性關係建立在「可以做自己」的基礎上。而嘉明面對同性戀三角習題，最後選擇與交往多年的愛人分手，也讓對方稱讚並鼓勵他日後都要這麼勇敢。

劇中這些角色對「珍愛」的詮釋，都表現出給對方餘裕並成全彼此，最後讓自己成為懂愛的那個人。

Q：「洪育萱」帶來什麼樣的影響及啟發？生活中也有類似人物？

A： 表面上她是嫁入豪門、穿著高跟鞋的公主，實際上是長期被家暴又缺乏獨立生存能力的女性，是嘉玲的對照組。結束公路旅行時，嘉玲阻止她再回豪門，長期哭不出來的她終於落淚，釋放經年累月的情緒與辛酸。

劇中藉由此角色告訴女性，無論結婚與否都要獨立自主。高跟鞋代表美麗「酷刑」，一旦危害雙腳健康就得忍痛脫掉，如同扭曲的婚姻阻礙自我成長又帶來創傷，必須適時割捨。

Q：什麼是「閃閃發亮的大人」？我們身邊也有這樣的大人嗎？

A： 這是最後一集的標題，或許每個角色都帶著命運安排，但每個人也都有改寫命運的選擇與機會。嘉玲爸爸鼓勵兒子去做自己想做的事情、不必

考慮繼承家業問題，得見為人處事「閃閃發光」。身處困境卻勇敢向前，願意跟自己與他人和解，這樣的處事態度最後都可以散發光熱，成為閃亮亮的人。

Q：編導給陳嘉玲教養小孩的一封信，分享哪些生命哲學？我們家庭的教養原則是什麼？

A：導演列出十項重點，告訴嘉玲小孩每天吃飽、睡好很重要，可以養寵物教他無私付出。當孩子自覺不夠漂亮、苗條時，帶他照鏡子欣賞自己。孩子發呆放空時不要打擾他。對性這件事，要教會孩子保護自己。而擇偶唯一標準，就是選個可以讓我們「做自己」的人。孩子沮喪難過時陪伴就好，不必多說鼓勵的話。金錢、愛情與健康，人生至少擁有一項。人生很短也很長，可以悲傷犯錯，但不要耍賴擺爛。

統整這封信的內容，就是說不要用過度的「控制」方式折磨小孩，讓孩子有適度放空和犯錯的空間，人生很長也很短，努力成為「為自己而活」的人。

《俗女養成記 2》
影集預告

月老

緣分千里一線牽
真情跨越陰陽兩界

月老（Till We Meet Again）

- 類型：奇幻片
- 說明：台灣、2021 年、128 分鐘
- 分級：輔 12 級

故事內容

阿綸慘遭電擊過世來到陰間，必須選擇投胎或當神累積陰德再轉世。他在這裡認識了個性暴衝的 Pinky，並搭檔擔任月老到人間執行任務，卻遇見生前最愛的小咪與狗狗阿魯。他想為小咪尋找好姻緣，無奈每一條綁在她身上的紅線都被燒毀，這下才明白有些事永遠不會改變。

▶ 影片的亮點

　　本片改編自九把刀原著同名小說，入圍金馬獎 11 項大獎，適合當做教材與青少年討論感情觀。電影結合民間信仰及揪心愛情，打造出奇幻世界，譜出感人的愛情故事。從地獄理論及月老角色出發，有多線敘事，美術服裝及特效細膩突出，開創台灣青春校園喜劇片的新風格。

▶ 向角色學習

　　阿綸：小學曾發豪語要追小咪，卻在求婚時遭雷擊過世。直到死後成為月老，在為小咪牽紅線的過程中學習放下，祝福心上人開創新人生。

　　Pinky：敢愛敢恨，個性活潑、率直。生前被渣男害死，來到陰間後和阿綸成為搭檔，在出任務過程逐漸產生愛意並努力成全對方。期待投胎時能如願以償，將自己的紅線與阿綸綁在一起。

　　小咪：阿綸的心上人，雷擊讓她失去所愛，劇情最後有大逆轉，揭露原來她有陰陽眼，知道阿綸一直陪伴在旁。因為害怕說破再也看不到阿綸，寧願獨自承受煎熬。

　　鬼頭城：500 年前的雲南山賊，因遭兄弟背叛而累積強大怨念，死後在陰間被打入井底並且伺機報仇。雖然小咪是他的復仇對象，但由於阿綸想起前世恩惠不斷道謝，最後終於讓他放下仇恨。

　　阿魯：小時候被阿綸解救的狗，在他去世後一直默默陪伴小咪，並且幫助阿綸與 Pinky 從井底逃脫，是片中最賺人熱淚的忠心角色。

用電影和孩子一起學會愛的能力

Q：九把刀的電影有什麼特色？從「月老」看到哪些進化？

A：九把刀電影就像台灣版的「漫威」，他洞悉觀眾口味，提供多元感官宴饗及大量配角，安排情節及對白呈現荒謬熱情與意想不到的反轉。

本片結合導演擅長的青春喜劇及漫畫式誇大風格，創作出獨特的九把刀式浪漫。在呈現地獄想像的空間裡，結合愛情、科幻與民俗觀點，以不落俗套概念自成包羅萬象的綜合體，鼓勵台灣創作者勇敢嘗試創新。

Q：片中的「紅線」有什麼意義？你相信紅線的緣分嗎？

A：「紅線」囊括東方月老及西方愛神邱比特，都是代表負責牽線姻緣的神明。紅線又像織女的眼淚灑落在織線裡，紡出戀人命中注定的緣分，成為哪怕距離再遠、波折不斷，終究會再相聚的誓言。但被綁住的兩人一定有結果嗎？片中巧妙的提出「不一定」的答案。

Q：為什麼片中的反派設定引發討論？你有什麼看法？

A：原著並沒有「鬼頭城」這個厲鬼角色，電影版中多了此角，穿插在愛情的主線裡，讓劇情更為豐富。也許阿綸不停向他磕頭道謝來解除危機的舉動讓人摸不著頭緒，但這樣的設定表現出以暴制暴無法打敗妖魔，必須藉覺察、釋放、理解及珍惜的過程釋放戾氣，反而成為片中不落俗套的安排。

Q：電影中有許多賺人熱淚的橋段，最喜歡哪個部分？

A：阿魯扮演「忠誠家人」的橋段讓人特別感動。阿魯的表現搶走不少主角風采，帶出生命之間的雋永情感，並呼應台灣紀錄片《十二夜》，傳遞對動物生命的關注與不捨。

Q：為什麼阿綸為心上人牽紅線？如果是你會怎麼做？

A：阿綸雖「中二」卻很癡情，就像電影反覆出現的對白：「有些事一萬年也不會變。」這些真摯情感縱使分離、歲月流逝也永遠不會改變，儘管最後小咪的歸宿不是自己，他仍衷心期盼對方得到幸福。

有些愛情可能永恆，有些愛情則在失去後才真正開始，愛到深刻濃烈時，於放手時必須放手，而紅線就是珍愛的祝福。

《月老》
電影預告

　　　　　用電影和孩子一起學會愛的能力

想見你

穿梭時空的愛戀
只爲再見你一面

想見你（Someday or One Day）

- 類型：影集
- 說明：台灣、2019 年、共 13 集
- 分級：保護級

故事內容

黃雨萱在男友過世後回到 20 年前，並附身在外表和自己相同的陳韻如身上。她在那遇見長得與過世男友一模一樣的王詮勝，各種謎團在時空交錯中進行，彼此如何改變過去的縫隙，並在「想見你」的意念下扭轉未來命運？哪個時空才是真實世界，哪個時空又是虛幻夢境？留下想像空間……

▶ 影片的亮點

本劇被形容是「神抓著編劇的手所寫的劇本」，劇中的復古元素、拍攝景點也帶動流行。在許多國家皆造成轟動，甚至還被買下版權，改編成韓劇《走進你的時間》，台灣的電影版亦創下票房佳績，成為難得的影視文化外銷瑰寶。本劇以顛倒敘事結構的青春愛情故事為起點，歷經燒腦及穿越時空過程，找出角色相愛證據，同時探討自我認同，帶給觀眾啟發。

▶ 向角色學習

黃雨萱／陳韻如： 雨萱個性開朗活潑、獨立自主，韻如個性則是內向安靜，習慣在團體中當個隱形者。附身後兩人不自覺互相比較，好像雨萱較受歡迎，讓韻如相形之下更自卑、自嫌，覺得如果自己不存在世上是否更好？相同面貌表現出兩種不同個性，帶給觀眾後續省思。

李子維／王詮勝： 子維高大、帥氣又自信，喜歡黃雨萱，死後附身在王詮勝身上，個性因此變得內向、抑鬱。詮勝喜歡班上同性同學，表白後卻被霸凌，因而對世界絕望投海輕生。他是死或活？留下許多解讀空間。

莫俊傑： 子維的暖男好友，從小右耳聽損，暗戀韻如並且理解她的心情。原本是功課好的有為青年，為了成全韻如並讓人記住她的心願，後來入獄服刑九年。

隨身聽、唱片行、有線耳機： 是舊時代回憶與青春證據，也是穿越時空的載體。帶領觀眾重溫青春時光，凸顯世代流行是接續傳承的重要文化。

用電影和孩子一起學會愛的能力

▶ 引導式提問

Q：本劇有何特別之處？時空穿越及意識轉移有哪些必備條件？

A：與單純愛戀的偶像劇相比，本劇複雜耗腦。劇中愛情像一首首歌曲，懸疑、緊張的劇情安排又像神祕推理案件，各種元素都在劇情時空中被翻新。透過懷舊氛圍表現細膩拍攝手法，讓人身歷其境。

至於「意識轉移」的必備條件，首先要在另一個時空存在與自己長相一樣的人。其次要有想見對方的急迫心情與載體，劇中隨身聽播放的伍佰歌曲〈Last Dance〉是雙方的定情曲，成為時空穿越與意識移轉的重要關鍵。

Q：本劇的中英文片名分別代表什麼意涵？你如何解讀？

A：中文片名「想見你」是劇中穿越時空的重要意念，但英文片名「Someday or One Day」則包含很多可能性，可能表示當我想見你的時候、未來「有朝一日」（Someday），或是過去的「某一天」（One Day），打破以往「穿越劇」的單一性，帶給觀眾更多想像空間。

Q：什麼是「莫比烏斯環」的時空概念？在劇中象徵什麼意義？

A：這是德國數學家莫比烏斯在 1858 年的神奇發現，將一張紙條先扭轉 180 度後，再將兩端連接成二唯空間環狀結構，不管從哪個點出發，都會經過反面再回到起點。延伸出「兩面即為一面」的意涵，寓意不同端點的彼此歷經不同遭遇後，仍會回到相遇的原點。

將莫比烏斯環沿中線剪開，又可拉出一個更大的環圈。這個定律讓發生在環圈中的故事成立，每集都可打破上一集的規律。

劇中雨萱與子維的訂婚戒就是莫比烏斯環，內側刻著「Only if you to see me.」，暗示思念彼此的兩人會經過不同面向再見，也就是說從前的子維可與穿越時空後的雨萱對話，兩人的愛情就是相遇與永恆過程的無止境輪迴。

Q：主角在年輕時都有什麼樣的煩惱？延伸出什麼意涵？

A：三人都關注「別人能否接受自己」。從長遠人生來看，這些煩惱可能都是小事，但青春當下卻是沉重課題。青春男女在乎別人，導致許多時候壓抑自己、渴求被群體認同。

劇中打破表象迷思，表達受歡迎的關鍵是性格而非外貌，鼓勵青少年走出眼下迷惘、眼光放遠，不要糾結於一時。

Q：從劇中的輕生情節，我們該如何協助有同樣處境的親友？

A：編導在影集中呈現青少年自我珍視及認同的議題：韻如因性格及家庭因素被邊緣化、王詮勝喜歡同性反成為弱勢、莫俊傑因耳疾成了卑微的一方。藉角色讓人察覺，原生家庭應避免情感忽視，讓每個孩子都得到關懷與陪伴。

最重要的是建立多元社會，創造認同與歸屬，不要把自我標準加諸在其他人身上。每個人都需要有「被討厭」的勇氣並且反思其原因，若是自

己的問題則勇敢承擔,反之則勇敢做自己。同時應該在高年級時建立求援系統,告訴孩子生命卡關時多給自己機會,並且學會消除偏見與刻板價值觀。

《想見你》
影集預告

線：愛在相逢時

命運的針線
交織成幸福的圓圈

線：愛在相逢時
（Threads: Our Tapestry of Love）

- 類型：劇情片
- 說明：日本、2021 年、130 分鐘
- 分級：保護級

故事內容

北海道出生的男女主角，國一時相遇相愛，後來隨著女主角被帶離北海道而分離。長大後的她在東京、沖繩與新加坡闖蕩多年，最後又回到北海道。歷經風霜、社會變遷，又多所缺憾的兩人，如何攜手再續未完戀曲？

▶ 影片的亮點

本片改編自日本歌手中島美雪的名曲〈線〉，描述男女主角錯過、尋覓人生的過程，帶出北海道的優美風景與溫厚人情，探討青春期戀愛的重要影響，提醒大人需要好好處理，才不會造成孩子生命過程中的遺憾及枷鎖，箝制他們往後的人生。本片對於家庭破碎、被施暴或忽略的孩子也給予鼓舞與彌補啟示，堅定志向、發展專長的努力生活，可以開創不同於原生家庭的嶄新人生。

▶ 向角色學習

高橋漣：癡心絕對的男生，為了與女主角的約定放棄環遊世界夢想，一直待在北海道乳酪工廠工作，婚後則是負責任的好爸爸。

園田葵：生長在破裂家庭被家暴的少女，後來與高橋漣一起逃家。造化弄人曾下海陪酒，後來勇闖新加坡開創自己的事業，無奈又被合夥人掏空。不被命運打倒的她，最後終於受上天眷顧，與初戀情人重逢結婚。

桐野香：獨立自主的女性，稱職的母親。與高橋漣因工作相識而結婚，臨終時提起初戀男友，並鼓勵丈夫勇敢追求愛情。雖然最後過世，卻留給親人永遠的正向影響。

鄰居奶奶：兒童食堂的主人，帶給旁人生命支持力量。因葵小時候看她烹飪的渴望眼神，讓她決定把家改造成兒童食堂，幫助需要的孩子。這份記憶中的飯菜香成為葵長大後的鄉愁，是影響她不再漂泊的重要關鍵。

高橋漣女兒：個性樂觀開朗，樂善助人。媽媽生前告訴她：「在對方悲傷難過時給他一個擁抱。」成了軟化園田葵，讓爸爸跟葵再攜手前行的力量。

▶ 引導式提問

Q：〈線〉的歌詞有什麼啟示？連繫命運的線是否存在？你如何解讀？

A：「人為什麼會相遇？在什麼時候相遇？……在遙遠的天空下，有兩個並行的故事，直線是你、橫線是我，互相交織成為一塊布，這塊布可能有一天會給別人溫暖……」歌詞深富寓意，成長過程會遇到許多人，在我們的生命中扮演不同角色「線」，命運的線就像緣分慢慢重疊交織成一塊布，溫暖自己也庇護他人。

Q：男女主角為何不斷錯過？為什麼真愛總是繞圈圈？

A：漣的人生因初戀被囚禁在北海道，而葵為了生活在世界各地跌跌撞撞。兩人在異地打拚生活的迷惘，表達即使愛情無所寄託也要努力向前。漣想做出最好的乳酪、葵想發展自己的事業，曾經斷掉的感情線反而成為彼此奮鬥力量。直到長大後重逢，兩人終於明白「真愛」的意義，並且也因為淬鍊後的成熟、獨立，而得以攜手擁抱幸福未來。

Q：電影裡有哪些動人的珍愛時刻？分享我們自己的生活經驗。

A：除了男女主角的感情，其實片中各種「珍愛」都值得珍惜。包括臨終母

　　用電影和孩子一起學會愛的能力

親告訴女兒：「我們未必要成為偉大的人，但要成為願意給別人擁抱的人。」還有岳父母勸喪偶許久的漣考慮自己的人生，後來一起參加他與葵的婚禮送祝福。以及鄰家奶奶提供孤兒「家味」飲食，鼓勵大家成為「拉別人一把」的人。

本片不但帶給失戀男女更多慰藉，也讓破碎家庭的孩子懷抱更多希望。如果無法改善現實，只要勇敢前進，一樣可以創造自己的幸福。

Q：電影如何設定主角的雙親角色？面對孩子早戀，帶給大人什麼啟示？

A：片中故意淡化雙方家長角色，既看不清葵媽愛上的渣男長相，漣爸與漣媽也呈模糊狀態。漣與葵國一相識相戀，感情因家長出手戛然停止。漣的人生從此停滯，一直在等待葵回來；葵也從此漂泊，即使後來遇到不錯對象，仍無法填補內心空白。

孩子早戀不必一味規避或強迫禁止，要讓他們好好經歷及面對過程，在情感互動中學習理解與相處。縱使分開也要學習放下，給彼此祝福。

《線：愛在相逢時》
電影預告

樂來越愛你

爲追夢而分離
爲珍愛而相惜

樂來越愛你（La La Land）

- 類型：歌舞片
- 說明：美國、2016 年、128 分鐘
- 分級：普遍級

故事內容

追夢少年男女如何選擇人生夢想與愛情？落魄爵士鋼琴手與懷抱明星夢小演員在洛杉磯相遇，進而相知、相愛及相惜。逐漸邁向成功之際，愛情處境卻變得艱難。面對愛情與麵包的兩難，兩人最後終於懷抱珍惜與祝福，走上比愛情更刻骨銘心、人生更豐富的未來。

▶ 影片的亮點

　　導演藉此對歌舞片表達強烈致敬。復刻經典電影《萬花嬉春》、《秋水伊人》、《名揚四海》及《星夢淚痕》等歌舞片歌舞橋段，以愛情文藝包裝獻給每位勇敢追夢者的心靈支持力量。片中多首歌曲和歌舞場景皆繽紛華麗，入圍奧斯卡金像獎 14 項大獎，追平《鐵達尼號》紀錄，致敬過往經典也成為新時代經典。

▶ 向角色學習

　　蜜亞：熱愛表演，想在電影圈闖天下，但卻懷才不遇，最後在咖啡店打工。因緣際會認識男主角，彼此扶持與成全最後成為閃亮巨星。她的獨唱曲〈敬那些做夢的人〉，歌詞道盡追夢者努力過程的挫折與現實，成為片中亮點，也是重要的得獎場。

　　賽巴斯汀：對爵士樂超級狂熱，寧可屈身在餐廳彈琴為生，也不願為圓夢出賣靈魂。與蜜亞在一起後，為了存圓夢基金，只好答應去樂團當貝斯手。在蜜亞放棄志向時鼓勵她全力以赴，是情感中強而有力的伴侶。

　　爵士樂：片中貫穿全場的重要元素，使得音樂、歌曲、舞蹈渲染出濃烈的懷舊氛圍，也是男女主角相識及分手的影響關鍵。

▶ 引導式提問

Q：英文片名「La La Land」有什麼意涵？你有什麼不一樣的解讀？

A：「La」是洛杉磯簡稱，也是好萊塢所在地，湧進才華洋溢的年輕人來追夢。如同片頭一鏡到底畫面，大家塞車卡在高速公路上動彈不得，等待在「La la land」找到人生出口。此外，「La」也像隨興唱歌的發聲，呼應電影歌舞類型，也寓意準備在這此集結音樂、夢想與星光城上的人，努力摘下人生最嚮往的那顆星。

Q：片中的歌舞情節代表什麼意義？你喜歡哪個歌舞片段？

A：開場的〈Another Day of Sun〉、參加派對的〈Someone in The Crowd〉、男女主角相遇的〈City of Stars〉與試鏡的〈The Fools Who Dream〉等，每段歌曲都傳達角色深情，搭配明暗色彩推演劇情，形成強烈對比，完全發揮歌舞片之最。

其中的〈Another Day of Sun〉，導演以「一鏡到底」的方式高難度開場，動用眾多演員排練長達三個月之久，讓每個人的表演、走位與動作等細節一氣呵成。直到曲子快結束，才拉開鏡頭帶到男女主角塞車卡在車陣中，曲名與鏡頭不約而同呼應並暗喻男女主角的結局。

Q：片中如何呈現主角的浪漫片段？生活中期待的浪漫場景是什麼？

A：兩人在高速公路上塞車時的口角、抵達餐廳時相遇，以及不斷在其他場合遇見，彼此的感覺也逐漸不同。這樣的安排符合歡喜冤家設定，從不

用電影和孩子一起學會愛的能力

帶好感、爭鋒相對，發展到如吸鐵般互相吸引，終於在天文館時達到超脫現實的飄然夢幻，看到愛情如魔幻般滋長。相處過程不斷累積深刻片段，成就讓人難忘的感情。

Q：女主角試鏡時的歌曲〈The Fools Who Dream〉有什麼意思和象徵？

A：試鏡時導演請蜜亞說個故事，她用歌曲唱出姑姑的經歷。敘述姑姑曾縱身一躍跳進法國塞納河，因而纏綿病榻長達一個月之久，但就算時光重來她也依然故我，所以「敬那些愛做夢的人，哪怕像傻瓜一樣」。

蜜亞與賽巴斯汀都和姑姑一樣，追夢過程讓人心有戚戚焉之感，所以「致這些痛過的心、混亂的生活，哪怕看起來很愚蠢……」世界就是因為有這些瘋狂的人而多采多姿，哪怕多卑微、多瘋狂，就算流汗、流血與心痛，一切也都值得。

Q：愛情與夢想是否難以兼得？你會如何選擇？

A：時下人擇偶常見「高富帥」、「白富美」等條件，都把「麵包」擺在重要位置。片中主角也曾為愛情與生活妥協，但最終還是失敗。面對現實與理想，兩人都明白必須彼此放手，為人生奮鬥的道理。

咬牙走到底的愛情不見得美好，流淚放手更讓人激勵與感動，也許驀然回首才發現這段戀情值得珍惜，感恩曾出現對自己真心付出的戀人。

Q：片尾的平行時空有何意涵？珍愛是為了對方放棄自己？你會如何選擇？

A：成名後的蜜亞與丈夫避開塞車，駛下高速公路來到酒吧，聽到賽巴斯汀

彈的爵士樂曲。如果當初兩人復合，可能現在他就是蜜亞的另一半。也許結局不如想像中美好，平行時空的想像只能帶來快樂安慰。

「珍愛」就像蜜亞結束試鏡時對男主角說的「我永遠愛你」，最終成為永恆。它讓彼此相遇、成長，鼓舞對方前進，進而將遺憾化為養分，並為對方的成就感到驕傲。「珍愛」在此是向對方表達感謝，珍惜當下並彼此祝福。

《樂來越愛你》
電影預告

眞愛每一天

時光倒流
能否讓人生圓滿無憾

真愛每一天（About Time）

- 類型：劇情片
- 說明：英國、2013 年、110 分鐘
- 分級：保護級

故事內容

提姆從父親口中得知，家族男性都有能力穿越時空、回到過去，於是他用這個能力來追女朋友。他在一次次穿越過程中發現，不管怎麼改變過去、重新再來，人生終究會有所失去及遺憾，他如何學會享受並珍惜每一天？

▶️ 影片的亮點

　　劇情以科幻及文藝，包裝出充滿人生哲學的愛情，雖然影評人認為片中的時空穿越論述有疏漏，卻獲得影迷廣大好評。讓本片成為愛情文藝片經典，人生必看的電影清單之一。提醒觀眾在不斷修正錯誤的過程中，同時也失去「經歷第一次」的美好。好電影讓我們在每次的觀影經驗中都能產生思考和啟發。

▶️ 向角色學習

　　提姆：沒有野心、渴望交女友，略帶笨拙的純情男，得知家族有穿越時空能力後，成為改變家人與朋友人生的超級英雄。從超能力的學習中體會人生傷痛不會因此減少，思考推動人生前進的關鍵是把握當下每一天。

　　比爾：提姆的人生明燈。提點人生終究會死，學習用不同角度看待遇到的鳥事，把每天都當成「第二次」來過日子。認為自己的人生沒有值得驕傲的事，卻很驕傲成為兒子的父親。可說是值得男性學習的父親形象。

　　瑪麗：提姆妻子，是他成長過程的守護者。長得漂亮卻打扮樸實，結婚時遭遇狂風暴雨，面對現場一片狼藉，卻狂喜接受這難忘時刻。是個不用超能力就可以認真過好每一天的美麗女子。

　　凱瑟琳：提姆妹妹，因人生不如意而自暴自棄。曾因交了渣男男友而車禍身亡。提姆不斷穿越時空扭轉她的人生，讓她勇敢放棄不對的人，重新修復並安定自己的生命。

　用電影和孩子一起學會愛的能力

暗櫃：進行時空穿越的隱藏空間，有著每個人渴望的超能力與想隱藏的祕密，同時象徵人生必須學習沉澱的自我場域

▶ 引導式提問

Q：中文片名「真愛每一天」及英文片名「About Time」，各有什麼意涵？

A：中文片名「真愛每一天」通俗好記，英文片名「About Time」則點出「時間」重點。但「每一天」翻譯貼切，把長遠的時光濃縮為「當下」，鼓勵觀眾把談戀愛的熱情拿來過好每個當下。

Q：為什麼電影有「生活感」的氣味？你有什麼類似的感受？

A：編導的家人在兩年內相繼過世，讓他感悟良多，覺得人生除了愛情，也必須珍愛身邊的人與當下片刻。因此片中有許多親朋好友、手足和情人的相處細節，看似瑣碎，但慢慢品味可感受「生活即電影」的韻味。

Q：電影如何設定扭轉時空的情節？你也會選擇回到過去扭轉事件？

A：科幻片的穿越通常有幾個論點。一是蝴蝶效應，小小改動會引起時代巨大改變。二是祖父悖論，就是如果回到過去殺了祖父，那麼自己也會消失。三是命定悖論，會回到過去解決事情，就是因為回到過去，所以未來才會這樣發展，即一切都是命中注定。

　　提姆憑藉超能力回到過去，解決了初戀、朋友、妹妹及同事的煩心事，但就算我們有這個能力，也不代表就此擁有完美人生。如同片中父親所

說：「如果可以把每一天都過得有意義，那麼在歷經第二次時，也就可以回味當下了。」

Q：片中的時空旅行有何規定？有什麼延伸意涵？

A：片中的時空旅行規定，生小孩後不能再回去做改變，但時空旅行可以兩人同時進行。所以當提姆改變妹妹的車禍意外後，回家也發現自己的女兒變成兒子，說明穿越時空並非隨心所欲，結果一定會帶來其他影響。人生不可能只選擇好的。當提姆發現無論怎麼改變妹妹都沒有效果時，只好帶她回到第一次遇見男友的跨年派對，讓她成為旁觀者來看當時的自己，覺悟要離開這個渣男，才不會毀了自己，也影響身邊珍愛自己的人。代表若想改變一個人的人生，要讓被動的一方主動覺察明白才能產生翻轉。

Q：電影中有哪些動人的珍愛？哪個情節讓人心有同感？

A：其實劇情的最大難關並非愛情，而是親情，特別是提姆想改變父親癌症即將過世的事實。但父親提醒他不要穿越時空改變生死，反而想留住更多父子相處回憶。於是兩人回到過去共赴海邊、一起打桌球，重溫相伴的單純美好時光。父親最後叮嚀，就算擁有改變過去的能力，終究要面對「人生追求什麼」的課題。

Q：為什麼珍愛存在每一天？如何才能享受其中的幸福？

A：如果每天都在穿越時空，忙著改變大小錯誤，就無法體會當下美好。比

用電影和孩子一起學會愛的能力

爾傳授的幸福祕訣，就是把每天都當做「穿越時空」來過日子、當做「未來」重新回味，如此一來才能享受當下並珍愛每一天。

珍愛在我們的身旁與交會的各種情感之中，擁有這些不同的愛能讓人生更完整、更美好，成為真愛。

《真愛每一天》
電影預告

延伸片單特搜
〈珍(真)愛〉篇

1.《甜蜜蜜》Comrades: Almost a Love Story

一對男女歷經多年的曖昧愛戀，透過鄧麗君呈現眾人的時代記憶。張曼玉和黎明的精采演出，成就華語影史上最經典的文藝愛情片。

香港 /1996 年 /118 分鐘 / 普遍級

2.《愛是您‧愛是我》Love Actually

影史聖誕節最經典的浪漫愛情喜劇，藉由眾星雲集呈現愛情的多種可能性，不分階級、年齡、種族，傳遞正面能量，讓人洋溢著滿滿的幸福感。

英國 /2003 年 /135 分鐘 / 保護級

3.《P.S. 我愛妳》P.S. I Love You

摯愛癌症離世，未亡人如何度過餘命？男主角先寫好的一封封情書，成為她悲傷療癒的力量。小說和電影都大受歡迎，場景、對白都有滿滿洋蔥。

美國 /2008 年 /126 分鐘 / 保護級

4.《真愛挑日子》One Day

一對異性好友約定每年這天都要見面寒暄，然而這段延續 20 年的奇緣能否開花結果？讓影迷深深著迷的愛情故事，影集版也無法撼動的經典之作。

美國 /2011 年 /107 分 / 輔 12 級

5.《生命中的美好缺憾》The Fault in Our Stars

一對罹患重病的男女，面對死亡，女孩怕她愛的人受到傷害、男孩想累積更多美

好的回憶，他們就像彼此碰撞的星星，迸發生命新的光芒。

美國 /2014 年 /125 分鐘 / 輔 12 級

6.《沒有煙硝的愛情》Cold War

50 年代橫跨四國的真愛故事，一對藝術家在動盪年代，陷入反覆情感折磨，電影有如爵士音樂，極具優雅和浪漫，產生細膩時代感的魔力。

波蘭 /2018 年 /89 分鐘 / 保護級

7.《真愛旅程》Revolutionary Road

結婚就會有美滿的結局？一對夫妻因為生活問題磨損愛的誓言，情感之路漸行漸遠，探究真愛的意義。《鐵達尼號》男女主角完美詮釋葉慈小說的世界。

美國 /2009 年 /118 分鐘 / 保護級

8.《愛在三部曲》The Before Trilogy

從維也納、巴黎到希臘，男女主角的戀人絮語歷經相識、相戀，是否能攜手邁入相惜的階段？影史經典的愛情三部曲，辯證珍愛和真愛的多重面貌。

美國 /1995、2003、2013 年 /101、80、108 分鐘 / 普遍級、保護級、輔 12 級

9.《愛・慕》Amour

榮獲奧斯卡最佳外語片，一對鶼鰈情深的退休鋼琴教授夫妻，憑藉堅定不移的真愛，以優雅的姿態面對人生的最終章，學習彼此相愛和道別。

法國 /2013 年 /127 分鐘 / 輔 12 級

10.《藍白紅三部曲》Three Colors: Blue、White、Red

電影大師奇士勞斯基賦予自由、平等、博愛非凡意義，貼近靈魂、命運、生死，體現人生的機遇之歌，藍白紅三色愛情成就藝術電影史上的不朽經典。

法國、波蘭、瑞士 /1993、1994、1994 年 /94、88、99 分鐘 / 輔 12 級

CH**7**

愛的能力 第七課

創愛

愛是理解

經歷酸甜苦辣的人生旅程

愛是多元

打破傳統價值的框架隔閡

愛是解答

創造有限生命的無限可能

── 創愛 ──
體現愛的多元樣貌
創造更多溫暖與幸福

　　在國中時看了美國電影《剪刀手愛德華》，覺得片中機器人與人類之間產生情愫感到不可思議。如今時下青年對漫畫人物的強烈愛好，也許當年片中的虛構劇情已不再是幻想。接下來如果聊天轉換器出現更厲害的 AI 人物或場景生成，那麼與虛擬人物談戀愛是否將得償所願？我們對「愛」能否有更開放的思考？因此，最後這章特別來談愛的多元樣貌，以及更多可能性。

　　「情感」教育需要跳脫「愛情」的單一想法與框架。人類從出生到成長，不僅需要愛情，也要許多情感澆灌，從中學習付出與給予。台北市教育局曾有一項創舉，邀請多校國中生去戲院觀賞台灣電影《關於我和鬼變成家人的那件事》，我主持映後討論時發現學生對情感多元樣貌的接受度愈來愈高。

　　上一本書介紹由富邦文教基金會購入的澳洲影集《你好，我是漢娜》，日前推出了第二季。從第一季內容讓孩子明白「自我認同」的重要後，第二季內容進一步提到如何創造更多愛的可能性。漢娜接續創立 LGBTQ [註]

___

註：因原有字詞無法完整體現「多元性別社群」，故應運而生這個新單字，如今在許多國家也普遍被認同及採用。

社團，邀請有性別不安，或是對該議題有興趣的同學加入，一起為打破性別疆界而努力。我在校園及戲院的映後討論活動中，發現台灣青少年、師長及家長對於「漢娜宇宙」有一致的好評及感動，甚至還期待有第三季呢！

學校的園遊會我會帶愛犬「青春豆」一起參加，跟孩子做寵物生命教育。而在「愛心救毛孩」活動現場，孩子們自己繪製海報做宣傳，號召大家來跟青春豆互動及拍照，並把捐款贈予流浪動物之家。希望從小培養孩子愛的能力，把愛與關懷擴及不同物種及環境。

在正確與仁慈之間，請選擇仁慈

但在情感教育上，我深刻體會培養愛的能力不簡單，好不容易長出的小小愛苗，極可能因為片刻疏失土崩瓦解。面對每次考驗，我都必須提醒自己「理解與仁慈」是處理學生事務的重要條件。

我帶過的高年級班上曾有一位萬人迷男生，但他常不寫作業必須到校補寫。某天他功課又沒寫完，我只好讓他下課時補寫，沒想到讓他暴怒。

同學偷偷跟我爆料他寫了一張紙條罵我。後來我看到紙條上寫著「晨賤融去死！我要你上刀山、下油鍋，割舌頭、挖眼睛，萬箭穿胸、剝皮抽筋，割耳朵、剁手指，永世不得超生。」

這真是恐怖加三級的詛咒，本來我可以對此大發雷霆送他去學務處，但我最後只是把他找來將紙條遞給他。沒想到這孩子還嘴硬：「老師我不是罵你，我是罵那個晨賤融，是你自己對號入座。」當下我的怒火直衝腦門，就在快要理智斷線前，我慢慢深呼吸吐納之後，對他說：「你還是補寫完

功課再下課。」然後把紙條收進抽屜裡。

許多家長和老師問我：「建榮老師，你怎麼可以冷靜下來？」理由是因為如果跟他硬碰硬，我可能失去這個學生，和他之間產生難以跨越的鴻溝。而且我還有滿桌的簿本要批閱，於是我心平氣和的先改完其他學生的作業，再來思考如何處理。

就在下一節上科任課時，我把他留下來告訴他：「你寫這張紙條，我可以把你送去輔導室或學務處以校規處理，但我沒有。你知道原因嗎？」他滿臉氣憤的表情沒有回答，我接著又問：「是誰在你上體育課撞牆受傷、額頭腫起大包時送你去醫院？」、「在醫院你肚子餓時，是誰買麵包給你吃？」、「是誰知道你喜歡哪個女生，故意安排你坐在她旁邊？」

這時他才低下頭，默默的小聲說：「都是建榮老師。」

這時我加碼追問：「如果答案都是建榮老師，你沒寫功課，老師只是讓你補寫完就趕快下課，為什麼結果換來的是這張叫我永世不得超生的紙條？」他突然開始啜泣，愈哭愈大聲，幾乎就要無法呼吸，於是我拍拍他的背輕聲安慰：「知道自己錯了就好，老師不會放在心上。」

從此，他沒寫功課的頻率開始減少，就算偶爾又要補寫功課，也是面帶微笑去寫，直到畢業前他都沒有再出現讓我煩惱的事情。這件事讓我想起茱莉亞．羅勃茲主演《奇蹟男孩》片中的經典台詞：「當我們要在正確與仁慈之間做選擇時，請選擇仁慈。」

當然，我們也可以嚴格謹慎處理孩子的脫序行為，但過程中必須讓他們感受到，這些作為都是以「愛」為出發點，這麼一來，孩子的不當行為才能得到真正改變。

直接真誠溝通，增加自己的幸福感

美國家族治療先驅維琴尼亞‧薩提爾（Virginia Satir）的「冰山理論」中提到：「問題本身不是問題，如何應對才是問題。」不快樂的根源，可能是 0 歲到 18 歲前未被滿足的期待。我們就像漂浮在水面上的冰山，外界看到的行為或應對方式，只是露出水面很小的一部分，暗藏水面下更大的山體，是長期壓抑並被忽略的內在。

如果能夠認識自己的冰山，揭開暗藏在水面下的暗黑困境，將會看到對生命的渴望、期待、觀點、感受和真正的自我，人生也會因此改變。薩提爾提出「不一致的溝通」有四種類型：討好型、責備型、超理智型及打岔型。但直接與真誠的溝通方式則為「一致型的溝通」，才有助於情感交流與自我價值提升。

一致型的溝通包含以下三項特點：

一、真誠：表達當下真實感受與期望，不隱藏、不偽裝、不誇張。

二、聚焦：關注當下情境，不離題、不轉移話題、不閃爍其詞。

三、友善：尊重別人與對方，不責備、不攻擊，使用肯定鼓勵語言。

這個理論非常適合拿來與自己做每日對話：「有沒有小小成就？」、「有沒有感恩的對象？」、「有沒有覺察自己的情緒？」也可以透過書寫、冥想及正念思考等方式釋放、調解自己的情緒。

搭配薩提爾的理論，進一步再提到美國心理學家馬汀‧賽利格曼（Martin E. P. Seligman）提出的「幸福五元素」。如果薩提爾被稱為「家族治療之母」，那麼賽利格曼就是有名的「正向心理學之父」。「幸福五元素」

被各界不同領域廣泛運用，期待能增加小自個人、大至國家的整體幸福感。
「幸福五元素」，說明如下：

一、正向情緒：多感受正面的情緒，包含感恩、熱情、興奮及愛，因為
會讓人充滿能量。

二、全心投入：全然在其中會對該事物及情境產生心靈交流，產生難以
形容的快樂。

三、正向人際：人是社會化動物，多元社會網絡的支持有助於渡過難
關。但人際關係重點在質而非量，與他人的連結愈深，愈能在困境
中得到療癒。

四、人生意義：雖然抽象，也可說是願意為人事物付出，發現生命的
「目的」，回歸本質，其實就是熱心助人的利他性。

五、成就感：歷經以上四階段，會更肯定自我存在價值，進而滿足、激
勵自己不斷向上提升。

最後這章的選片思維，強調情感不同面向的互動，包含認識多元家庭、
關懷其他物種、結婚與否等。最後藉日本動畫《鈴芽之旅》的地震天災、
魏德聖導演動人之作《BIG》，希望大家同感共悲，學習如何從病痛及創傷
中得到身心靈復原的力量。

讓我們一起從電影的情感啟示中，學習創造更多元、更深遠的愛。

我的大猩猩媽媽

非典型非血緣
創造愛的本質

我的大猩猩媽媽（The Ape Star）

- 類型：動畫片
- 說明：瑞典、2021 年、73 分鐘
- 分級：普遍級

故事內容

孤兒院童約娜與同伴渴望被人領養，但年紀稍長的他們相對不容易。某天有人要領養她，沒想到竟然是一隻大猩猩。起初她對大猩猩媽媽充滿懷疑與害怕，但很快就彼此交心，深深感受到愛。然而此時政府卻要買下資源回收場，致使她們家面臨被拆散的危機。約娜最後可以跟大猩猩媽媽在一起嗎？

▶ 影片的亮點

本片改編自瑞典知名繪本，榮獲 2022 年台灣國際兒童影展最佳動畫長片殊榮。畫風簡潔、劇情動人深刻，以擬人化方式呈現非血緣家庭的溫暖與深情。大猩猩媽媽有不同寓意，只要有愛，每個家庭都會閃閃發光。

▶ 向角色學習

約娜：孤兒院裡年紀最大的女孩，期待被領養卻事與願違，覺得自己沒人要。自從跟大猩猩媽媽在一起後，她一步步蛻變、成長，不但可以保護自己，甚至還可以保護家人，成為可以適應任何環境生存的強者。

果麗菈：領養約娜的大猩猩媽媽，行為粗魯卻愛讀書，教養風格自由。她珍惜與約娜的緣分，延伸「好媽媽」的定義，是不同種族的象徵。

阿倫：約娜在孤兒院裡最好的朋友，喜歡一起放風箏、分享想法。約娜被領養後他很擔心，曾偷跑出去確認她過得好不好，是體貼的好朋友。

葉德：為孩子全心投入的孤兒院長，雖因政府官員要脅不得已讓約娜被果麗菈領養，但最後卻幫助她們逃離政府官員的拆散。

▶ 引導式提問

Q：本片的動畫風格與其他國家有什麼不同？你觀察到哪些特別之處？

A：本片呈現北歐風格，線條簡潔、畫風細膩，充滿童趣。導演刻意不做

用電影和孩子一起學會愛的能力

3D 擬真特效，讓觀眾可以更投入劇情。特別以擬人化方式，來表現非血緣家庭一樣可以充滿愛的溫暖。

劇情看似在敘事動物保護主題，卻暗藏對「難民」議題的探討。因天災人禍流離到其他國家的難民，是否遭受歧視並面臨生活適應困難？導演藉由果麗菈與約娜適應彼此的相處過程，讓觀眾看到趣味與希望。

Q：電影中的「媽媽」角色，為什麼設定為大猩猩？有什麼意涵？

A：本片充滿烏托邦或異托邦色彩。大猩猩除了是擬人化表現手法，也代表不同語言、膚色的種族。在與異國人相處的過程中，更需要大家理解、尊重與包容，才能破除偏見與歧視，產生文化融合。近幾年，世界戰亂頻傳，加上「保護主義」逆行，造成種族排斥與仇恨。電影看似在講動物與人類，其實背後藏著更深沉的意涵。

Q：《孤雛淚》在片中有何意義？果麗菈買到書的快樂，你有無類似經驗？

A：《孤雛淚》是英國文豪查爾斯・狄更斯的名著，對全世界兒童的福利與權利深遠影響。

書中描述孤兒奧利佛無論身在何處都飽受欺凌，淪落倫敦街頭時甚至還被竊盜集團盯上訓練成小偷。內容揭露當時英國社會黑暗面，迫使政府正視、改善兒童社會福利制度，並且制定法律給予保護。

約娜與書中主角都是孤兒，電影以映襯手法對比兩者的性別、年代、種族與幸福感受。

Q：片中讓人印象深刻的地方？其中的餐廳用餐禮儀有什麼象徵？

A：片中讓人印象深刻的橋段包括約娜和猩媽在做二手拍賣時，母女一搭一唱合作把商品賣出，進而達到賓主盡歡的橋段，還有兩人露營時在星空下的親密對話，以及最後一邊開著行動書車、一邊四處旅行的結局。無論情感與書籍，都象徵母女之間無盡的情感與寶藏。

餐廳橋段想傳達的是，「文明」客人雖然衣著得當、懂得用餐禮儀，但對待他人的態度卻不那麼「文明」，顯得禮節只是高人一等的優越感。

Q：大猩猩媽媽有哪些愛的見證？有哪些不一樣的教養哲學？

A：星空下，果麗菈對女兒說：「能夠找到猿星就很幸運了，因為我也找到了妳。」她堅信神會為每個孩子安排關懷他的人。

在教養方面，果麗菈不管約定成俗大膽教約娜開車，理由只因為「總有一天會用到」。同時她也教約娜騎腳踏車，雖然過程中約娜一直跌倒，但兩人不放棄並且再接再厲。果麗菈也重視閱讀，明白讀書的重要性。這些點點滴滴創造出母女倆無法被取代，也無法被分開的情感。

《我的大猩猩媽媽》
電影預告

我的神祕狼朋友

和動物家人
一起療癒悲傷

我的神祕狼朋友
（Vicky and Her Mystery）

- 類型：劇情片
- 說明：法國、2021 年、84 分鐘
- 分級：普遍級

故事內容 ──────────────

媽媽過世後維多利亞不願再開口說話，直到在山林遇見走失的「毛小孩」，兩個孤單靈魂在陪伴過程逐漸豐富彼此的生活，互相成為對方療傷止痛的精神支柱。沒想到愈長愈大的狗狗其實是狼，因而引發動物保護及畜牧產業的交戰。

▶ 影片的亮點

　　本片改編自真人真事，小女孩和狼之間的互動場景，讓觀眾嘖嘖稱奇。藉此明白經歷悲傷的階段過程，得見創傷如何被撫平、正視，進而癒合傷口。唯有傷口真正癒合，才能接受人生為難並繼續前進。

▶ 向角色學習

　　維多利亞：因母親過世而罹患選擇性緘默症的八歲女孩，爸爸決定帶她搬到風景優美的山上居住。她很早就知道神祕是狼，並認為牠是森林送給自己的禮物。她堅信神祕不會「變壞」，因而站出來努力捍衛「神祕」。

　　神祕：一開始被誤以為是狗的狼，與維多利亞遭遇相同，都在等媽媽來尋找他們。雖然沒有台詞，但透過牠與維多利亞的互動可以明白，只要真誠對待，牠們也會流露純真自然感情，與人互相陪伴走出生命陰霾。

　　爸爸：面對妻子過世、女兒不語，不惜放下醫師工作帶女兒搬到山上定居。他親自為中槍的神祕開刀救命，彌補救不回妻子的遺憾。

　　舅舅：代替死去的姊姊持續關注著姪女及姊夫，不時帶著禮物到山上拜訪、探望，陪伴他們聊天並傾聽心事，讓人感到溫暖。

　　農場主人：撿到神祕的老先生。維多利亞與爸爸在山上迷路時，好心收留他們過夜，在片中象徵「避難所」，是劇情轉折關鍵。

　　同學媽媽：維多利亞同學的獸醫單親媽媽。面對山上農民主張「撲殺狼」，她提供專業觀點，召集牧羊人開會溝通協調，並給神祕及時援助。

用電影和孩子一起學會愛的能力

▶️ 引導式提問

Q：英文片名「Vicky and Her Mystery」的「Mystery」有什麼象徵意義？

A：狼的名字叫Mystery，第一層意義就是「主角」，也是維多利亞口中的「寶可夢」，第二層意義象徵人與動物之間的深刻友誼。而「Her Mystery」也有雙關意義，點出維多利亞不說話的祕密是喪母創傷所造成。

Q：電影中對狼的處理方式是撲殺或共存？你會如何選擇？

A：片中的對白「最危險的是人，不是動物。」維多利亞與神祕長期相處，明白狼不會傷害人，但一再發生狼群吃掉農民飼養的牲口，造成財產損失也是事實。

但獸醫則認為狼是群體行動的動物，撲殺領頭狼反而會造成狼群四分五裂，致使農民遭受更大損害。所以應該設立保護區形塑食物鏈，才能讓狼群自由安全生活。

牧羊人選擇用子彈解決問題，卻製造出彼此傷害的結果，讓問題更無解。唯有不斷溝通、討論與商量，才能找出雙贏的折衷點。人類被稱為萬物之靈，如何平衡經濟與大自然共存共榮，值得深入省思。

Q：片中的狼是真實的嗎？電影團隊如何處理並對待狼演員？

A：片尾可看到真實故事中女孩與狼的合照。拍攝團隊真的從動物保護區找來一隻小狼，讓演員一起照顧牠，經過長時間情感交流呈現出自然的互動，甚至其他狼群看到小女主角出現時也會配合演出。

起初小演員會害怕，一旦彼此信任也就變成真的夥伴了。電影同時想讓大家知道，我們真心愛動物，牠也會愛你，彼此就能成為親密的家人。

Q：電影探討「失去」議題，為什麼真正的愛不是占有？

A：神祕與維多利亞都因為失去母親而相遇。雖然彼此相互依偎，但神祕後來遇到其他狼群必須與她分離。「失去」雖然是人生遺憾，但當生活出現新的刺激與寄託時，便可逐漸淡化難受心情，進而昇華成為深藏心底的祕寶。經過別離後，維多利亞了解真正的愛不是占有，而是做出正確決定，哪怕與對方從此分離。

Q：維多利亞為什麼能療癒心中傷痛？你有沒有類似經驗？

A：當神祕溫柔舔舐維多利亞時，終於讓她願意開口說話，她像是毛小孩的照顧者，進而走出喪母之痛。這種「變成媽媽」的轉變，讓她與逝去的母親產生無形交流。

等到神祕要離開時，就像當年媽媽離開她的時候，雖然心裡很難受，但生離死別是生命不可逆的過程。因為珍惜，所以能擁抱祝福，希望神祕順利成長。用第二次離別來放下第一次失去的痛苦，是情節細膩安排。

Q：為什麼飼養寵物會創造更多對生命的愛？你和寵物有什麼故事？

A：根據研究發現，孩子從小學習照顧生物，對情緒、品德與行為都能產生正向影響，並且對生命及靈性會更積極面對。因為動物的生老病死是發生在日常中的生命歷程。

用電影和孩子一起學會愛的能力

此外，社會常賦予男性重大責任，致使他們常壓抑內心情感。如果讓男性從小照顧動物，可以更容易流露出母性溫暖特質，在成長過程中與人建立友好、親近互動並有同理心。

有寵物相伴的孩子能增強內在安全感，特別是在父母工作忙碌或缺少手足的年代。寵物可彌補孩子因缺乏陪伴，造成依附感不足的孤單感受，也正因為寵物家人的生命有限，所以能在心裡留下無限的愛。

《我的神祕狼朋友》
電影預告

梅艷芳

巨星的慈愛善念
永留絕代芳華

梅艷芳（Anita）

- 類型：劇情片
- 說明：香港、2021 年、137 分鐘
- 分級：普遍級

故事內容

本片描述香港一代巨星梅艷芳，從小歌手到成為風靡全
亞洲百變女王的蛻變過程。她在短暫四十年的生命中，
個人的犧牲與巨大付出，以及背後艱辛力爭上游的過程，
都留下難以細數的豐功偉績及影響力。在重溫巨星風采
同時，也看到香港東方明珠的時代繁華。

▶ 影片的亮點

完整重現一代巨星的傳奇一生。梅艷芳不僅歌唱風格獨樹一幟，在演戲方面也成就非凡。百變多元的形象、音樂與表演造型，即使現在來看依然前衛。得見當時流行文化塑造，以及香港社會變遷，在緬懷巨星人生軌跡同時，也讓人唱然香港在大時代的興衰。推薦可續看影集版，更加深入呈現生平，補強電影版被詬病「蜻蜓點水」的不足。

▶ 向角色學習

梅艷芳：貧苦家庭出生，自小在歌廳走唱，看盡人生百態。她的天分、才華與重情義個性，造就日後無人能超越的天后級地位。雖然在愛情留下遺憾，卻在回饋社會及提攜後輩成為世代典範。

張國榮：與梅艷芳同期出道的密友，彼此合作、相攜、陪伴，情感深厚如同家人，後來在香港文華酒店跳樓結束一生，讓梅艷芳悲痛欲絕。當生命卡關時，請更要及時尋求專業協助。

梅愛芳：梅艷芳的姊姊，自小與妹妹一同走唱，姊代母職教導妹妹待人處事。雖在歌唱比賽落敗，卻擁有婚姻與家庭，後來罹患子宮頸癌離世。處處可見姊妹情深，讓人動容。

Eddie：角色原型為香港知名時裝設計師劉培基，同時是梅艷芳的形象設計師及恩師，也是張國榮與梅艷芳的摯友，彼此除了是事業合作夥伴，也是不順遂時的依靠與力量。

▶ 引導式提問

Q：編導如何呈現傳記電影特色？你喜歡哪些傳記電影？

A：本片以編年史方式進行，擷取梅艷芳重要人生階段做註解，並搭配耳熟能詳的歌曲，引領觀眾進入傳奇人物的世界，喚醒大家成長回憶。後半段聚焦梅艷芳將生活重心移至公益及回饋社會，以及生病後舉行最後一場人生演唱會，都是傳記電影裡的重點，讓人看到巨星之所以成為巨星的條件與格局。

電影最讓人意外的亮點，是找到一位神似梅艷芳的演員。片中穿插真實的影像畫面，既是鋪陳補充，也是與演員做對比，用虛實兩種手法呈現梅艷芳的實力與風範。

Q：電影呈現什麼樣的時代氛圍？為何會創造出民眾的認同感？

A：上映時在香港大賣，成為華語電影第一名。「當一部電影成功到一定程度時，就會變成一個社會學事件。」近幾年香港的大規模社會運動，對照片中香港過往懷舊風華，彷彿帶領觀眾重回往日熱鬧承平。片中藉由梅艷芳孤單且獨立的人生故事，捕捉真實社會情緒，讓港人在她遺留的大愛中得到心靈撫慰。

為了復刻過往時代，電影展現當時的庶民生活與演唱會的壯闊畫面，是香港電影少有的史詩級感受。出道成名的年代以暖色系為主，千禧年後則變為灰黑色調以反映人生及社會劇變，亦表達對昔日香港及巨星殞落的悼念。

用電影和孩子一起學會愛的能力

Q：梅艷芳開創什麼樣的性別魅力？她的歌曲與影視作品給人什麼回憶？

A：她才華洋溢，造型中性又前衛，勇於突破傳統窠臼，以百變風格開展女性形象的多元面貌。宣告女性可以性感、好強及重情義，將所有性別優點集於一身。

這些形象讓她在影視作品表現出精采多元百變風貌，例如：《胭脂扣》的癡情、《威龍闖天關》的搞笑及《男人四十》的賢淑堅強等，演技出神入化，讓人難忘。而她的歌曲〈壞女人〉、〈親密愛人〉、〈女人花〉等，至今仍是 KTV 熱門點唱歌曲，道出女性對情感的渴望和唏噓，更有「拿得起放得下」的勇氣。

Q：梅艷芳有哪些值得學習的人格特質？想對巨星說什麼話？

A：她與眾人的情感，交織出香港那個年代的人情世故，包括姊妹深情、摯友的知遇相知、愛情的痛苦修練，以及提攜後輩的慷慨大器等，都得見她樂善好施的人生哲學。當她的演藝生涯遭逢最大困境時，因為體悟藝人要「留下什麼給大眾」，所以不遺餘力的回饋社會。即使被質疑行善動機，也表現得不卑不亢，繼續發揮公眾人物的影響力。

她與張國榮都是代表香港藝壇的時代人物，彼此相濡以沫，兩人接連離世象徵時代的結束。看完電影，想向她說：「面對病痛請更積極處理，請多愛自己一點。」

Q：為什麼梅艷芳被稱為「香港的女兒」？結婚成家是人生重要大事嗎？

A：梅艷芳雖然有機會與條件可以移民海外，但她表示自己會留在香港。她

對香港不離不棄、對社會公益樂此不疲，甚至在台灣發生 921 大地震時，也號召香港演藝圈舉辦募款義演。她登高一呼，就能凝聚眾人力量。

她最大的遺憾是沒能結婚，因此在為自己舉辦最後一場人生演唱會時，以華麗婚紗造型登台，把自己嫁給歌迷與舞台。她跨越生死病痛、為他人及社會付出，讓良善繼續發光發熱，讓人思考成家立業或許是人生重要歸宿，但也許還有更多可能。

《梅艷芳》
電影預告

用電影和孩子一起學會愛的能力

關於我和鬼變成家人的那件事

破除性別框架
讓愛多元交融

關於我和鬼變成家人的那件事
（Marry My Dead Body）

- 類型：劇情片
- 說明：台灣、2022 年、129 分鐘
- 分級：輔 12 級

故事內容

恐同症直男警察吳明翰無意間撿到紅包，必須跟往生同志毛毛冥婚。為了幫毛毛追查被害真相，他遇到許多奇人異事，也發現彼此不為人知的一面。兩人從一開始排斥敵對，逐漸產生「友誼已達、戀人未滿」情誼，展現台灣多元文化及民俗風情，擴展對生命與情感的認識。

▶ 影片的亮點

　　導演將多元片型及議題搓揉成引人入勝的故事，開創台灣電影嶄新一頁。以冥婚習俗看人鬼同性婚姻的衝突，並省思性向、生死等課題。電影開始特意為許多事物「貼標籤」，引導觀眾在幽默、恐怖、歡笑劇情中學習與領悟，最後再一一除去刻板印象，真實感受生命中的動人深情。

▶ 向角色學習

　　吳明翰：具正義感又愛表現的剛鐵直男刑警，因命運捉弄而與同志毛毛冥婚。在調查毛毛死因的過程中，打破很多自己原有的刻板印象，學會對自己與他人付出更多尊重和關懷。

　　毛毛：個性敏感又開朗的男同志，重視環保，與男友已論及婚嫁卻意外喪命。在與吳明翰冥婚相處過程，逐漸放下自己對直男的偏見、理解父親對他的愛，最終不留遺憾的離開人間去投胎。

　　林子晴：聰敏幹練的女警花，一直想打破自己被人視為「花瓶」的刻板印象。母親的死亡對她影響至深，因而穿梭在黑白兩道之間，扮演穿針引線的角色。

　　阿嬤：迷信又疼愛孫子毛毛的奶奶，思想開放進步，認為溫柔善良就是好人。她不在意孫子的性取向，甚至還為他的良善感到驕傲。

　　爸爸：傳統的父親，教子嚴厲，以否定怒罵方式來表達對孩子的關心。他為兒子過世所付出的努力與懺悔，讓人動容。

　　　　　　　　　　　　　　用電影和孩子一起學會愛的能力

引導式提問

Q：本片如何吸引觀眾目光，進而開創出全新型態？

A：電影容易被歸類為常見的同志電影，但劇情沒有過度文藝的沉重或刻意「賣腐」的誇張，反而融合宗教、民俗、警匪與親情等片型來凸顯性別議題，讓觀眾在意想不到的情節發展中，不斷顛覆、翻轉對劇情最初的認定。

特別是在台灣對同志結婚合法後，讓本片成為此議題的重要電影。直到片尾才會發現，所謂的好人與壞人，其實決定的背後都有為難與考量。

Q：本片如何處理角色的刻板標籤？你在生活中有無類似經驗？

A：電影故意把這些標籤極度放大，例如吳明翰罵毛毛「死 Gay」，毛毛則回敬他「臭直男」，而同事稱呼林子晴「花瓶」、阿嬤溺寵孫子、父親只有嚴厲、環保人士就是會強迫大家自備餐具等。劇中藉由角色交集與相處，讓這些刻板標籤漸漸消失。

其實毛毛只是希望有人陪他一輩子，吳明翰為了毛毛去揍他生前的渣男友，而爸爸的內心則藏滿對兒子的愧疚與來不及說出口的愛。如同林子晴所說：「花瓶能夠一眼看穿的話，那是玻璃杯吧？」這些劇中的鋪陳讓我們打破外表、年紀、性別的盲點及歧視，然後會心一笑。

Q：哪些對話反映出生活中常見的歧視？你有什麼感覺？

A：例如「臭直男就是從不覺得自己有錯，又會在那邊惱羞成怒。」其實「死

Gay」與「臭直男」是光譜兩側極端。明翰的橫衝直撞對上毛毛的防備與脆弱，讓兩人不斷爭吵並互揭瘡疤，直到共同生活不得已要面對隱藏的心情。毛毛說：「死了以後才更看清楚一些事情，自己應該要更有勇氣去面對。」吳明翰也說：「人世間的婚姻就是一張紙，隨時可以結，也隨時可以離。」這些對話帶給觀眾省思，我們是否也在無意間將許多人分類並貼上標籤？

Q：哪些角色對性別理解及支持？帶來什麼感動？生活中有沒有呼應之處？

A：毛嬤為什麼支持毛毛？可從蔡依林所寫的電影主題曲〈親愛的對象〉找到答案。MV 中毛毛想向毛嬤坦承出櫃，他原以為毛嬤不支持，後來才知道毛嬤一步步理解自己的生活。如同歌詞「尋找親愛的對象，其實本質都一樣」，毛嬤的角色突破長輩的古板傳統，改以樂觀開放的心胸接納孫子。

毛爸在電影後段的改變，讓人發現他的反對只是想提醒兒子「那個男人不值得託付」，如果換成是吳明翰就沒有問題。因溝通不佳，才造成世代相處的衝突。

Q：從片尾的親情大翻轉，我們如何與親人練習溝通？你有什麼經驗？

A：傳統社會要求男性把情緒藏起來、有淚不輕彈，所以毛爸總是板著臉，說話也很情緒化。直到毛毛過世，他更是無法表露傷心與愧疚。其實他一直把兒子放在心裡，包括出門帶著環保餐具、偷偷去看兒子等，都是「愛在心裡口難開」的表現。幸好還有遲來的最後和解機會，讓毛毛釋

　　用電影和孩子一起學會愛的能力

懷而願意離開。劇中的父子親情，其實比愛情更動人。

親情不像婚姻只是一張紙，如果拒絕學習理解，也不願向家人表達內心想法，就無法拉近彼此距離，也不會知道對方有多麼在乎自己。

《關於我和鬼變成家人的那件事》
電影預告

鈴芽之旅

開門與關門
盡是生命的輪轉

鈴芽之旅（Suzume）

- 類型：動畫片
- 說明：日本、2023 年、121 分鐘
- 分級：普遍級

故事內容

高中女生鈴芽與少年草太奇妙相遇，開啟充滿奇幻冒險
的公路之旅。兩人聯手關閉連接往生世界的後門，在頹
敗的廢墟中，完成「關門任務」來阻止地震災難發生。
過程中逐漸了解彼此不尋常的緣分，從而療癒各自內在
的傷痛。

▶ 影片的亮點

　　這是新海誠導演「災難三部曲」的最後一部。他的作品向來於愛情中添加追尋與拯救等撼動人心的元素，搭配寫實清麗的畫風，深受觀眾喜愛。片中題材涉及地震災害，結合許多日本災難事件歷史，提醒人們面對環境變遷、人口減少及老化等問題，並重視災難防治與環境永續發展。匯集神話、冒險等情節，亦帶領大家欣賞日本列島明媚風光。

▶ 向角色學習

　　鈴芽：母親在日本 311 大地震往生，她成為災難中的倖存者。在阿姨的撫養下，成為個性內向又善良的高中女生。與草太的關門旅程中變得愈來愈獨立、勇敢與堅強，進而化解災難並打開創傷的心門。

　　草太：「關門師」家族成員，在爺爺的照顧下長大，是深具責任感的暖男。本來想當老師，但考了四年還沒考上。後來還變成一把只有三隻腳的椅子，但他卻願意為拯救大眾、穩定社會繼續努力。

　　貓大臣：會變身、說話的白貓，是封印蚯蚓的「要石」，因被鈴芽拾起而解開封印。牠對鈴芽有好感，卻對草太不友善，曾被以為引發災難，後來才知道牠是引導鈴芽找到「後門」的關鍵，是關門不可或缺要角。

　　左大臣：也是封印蚯蚓的「要石」，會說話、會變身，甚至擁有控制人腦的力量。與貓大臣相較之下，他的身形更大、個性比較穩重，對草太相對友好。從兩位相反性格可看出，穩定世界需要不同形色能力的存在。

環阿姨：收養並照顧鈴芽的阿姨，年已四十依然單身。當她被左大臣控制時，終於說出「是否因為照顧鈴芽，而耽誤自己青春」的心聲。後來與草太的朋友芹澤，發展出曖昧情愫。

瑠美：帶著雙胞胎經營小酒館的單親媽媽，途中她讓鈴芽搭便車並提供食宿，充滿「陌生人的恩慈」。在與鈴芽相互幫忙的過程中，強調女性的巨大力量。

▶ 引導式提問

Q：為什麼本片是女性自覺與自我成長的電影？生活中有類似故事嗎？

A：鈴芽本來是平凡的高中女生，直到遇見草太被帶入奇幻冒險旅程，途中的人事物讓她勇敢面對本來不敢做甚至會害怕的事情，直到一一克服挑戰，最後長大成為獨立、自信的女性。也許所處的環境對性別有許多箝制，但旅程中產生的同理心、面對危機時挺身而出的勇氣，讓她在成長過程浮現更多自我覺察。從此性別不再是阻力，反而成為更多助力。

Q：電影的劇情設定有哪些特色與象徵意義？

A：相較於過去的作品，導演增加許多擬人化的角色，例如三腳椅的草太、貓大臣與左大臣。為什麼草太被設定為「三腳椅」？因為「三腳」代表殘缺的形體，經過努力與突破所創造的奇蹟，可能更加超越完整實體。因導演是貓奴，所以將貓塑造成會說話、自拍與打卡等奇幻行為，讓想像力更加精采。

用電影和孩子一起學會愛的能力

故事還有取材自神話的設定，例如「地震」是具有超能量的蚯蚓，而蚯蚓鑽出後門後引發傳說，則像我們所說的「地牛翻身」。而「常世」是往生者所處的神祕空間，象徵理想、嚮往的永恆國度。

Q：鈴芽經歷哪些失去及創傷？她如何面對及療癒？我們有無類似經驗？

A：鈴芽因大地震失去母親，是人生最大的創傷與遺憾。她喜歡和母親透過夢境來對話，如同災後的餘震沒有消失，失去親人的痛苦一直存在。

但在與草太的冒險旅途中，鈴芽雖然被蚯蚓追逐、遇警察盤問、遭大臣惡作劇，但也發現自己和這些角色不尋常的緣分。在跟草太一次又一次去關閉後門的過程中，也找到自己的人生意義，彷彿就是冥冥之中命定的安排。

觀眾從每次鈴芽與草太的出任務過程中可以看到，在幫助別人的過程中，其實也在療癒自己。

Q：創傷後的療癒能產生何種力量？我們有失去親人的經驗嗎？

A：鈴芽展開的「關後門」路線，橫跨了九州、四國、關西、東京與東北，這些都是日本曾發生大地震的地方。劇中將地震與鈴芽的旅程做連結，希望為經歷天災而失去家園與親人的災民，提供集體創傷治療。

鈴芽小時候的日記上顯示，3 月 11 日那幾天全都塗滿了黑色，唯一能阻止災難的是人們互助的溫暖與關懷，才能讓黑暗慢慢散去。創傷後的經驗告訴我們正視傷口，尋求專業人士幫忙並給自己時間療傷，最後終能走出陰霾。損傷雖然讓人痛苦，卻同時帶來新生。

Q：電影最後為什麼揭露鈴芽夢中女子的身分？其中有何意涵？

A：鈴芽直到最後才發現，夢中一直努力想看清楚的模糊女子，原來是長大後的自己。藉此寓意倖存者已健康成長，回過頭來安慰小時候悲傷的自己。逝者已矣、生者仍在，留下的悲痛終究都可以透過努力得到慰藉。面對生命無常，活下來就是難能可貴的幸福，也是療癒傷痛與和解過程中的最好祝福。

《鈴芽之旅》
電影預告

用電影和孩子一起學會愛的能力

BIG

活著就是最好的禮物
分享就是最大的幸福

BIG

- 類型：劇情結合動畫
- 說明：台灣、2023 年、158 分鐘
- 分級：普遍級

故事內容

敘述兒癌病房 816 的孩子努力對抗病魔，變身成為 BIG 戰士的冒險故事。他們每天面對生命難題，用勇氣戰鬥、用真情療癒，努力讓自己活得更精采，父母親則陪伴孩子渡過生命難關。有旺盛的生命意志力，病房也能變為成長歷程的新天堂樂園。

▶️ 影片的亮點

魏德聖導演的傳奇之作，在台灣影史創下最多包場紀錄（超過 1500 場），以及首輪映期最長紀錄（打破 1993 年的《侏儸紀公園》），入圍台北電影獎最佳劇情長片、最佳導演、新演員等 8 項大獎。真人演出結合動畫，讓觀眾笑中帶淚感受溫暖，體悟珍惜生活每一刻、真心對待每個人，不讓生命留下遺憾。片中小主角與家人表達情感的方式可做為教材，幫助孩子建立健全的情感認知能力，並學會處理人際關係。帶領觀眾經歷開始到結束的生命圓圈，在心田綻放愛與韌性的花朵。

▶️ 向角色學習

源源：勇敢堅強的抗癌女童，努力堅持到生命最後一刻，讓人心疼。該角色演員鄭又菲為戲落髮，歷經 37 次試鏡失敗終於獲得廣告演出機會，幕前與幕後「不放棄」的精神，同樣勵志感動人心。

珈農和大杉：兩人是片中青春期代表，珈農原是厭世少女，病癒後變成樂觀積極的大姊頭，透過吉他鼓舞病童對抗癌症。大杉是帥氣少男，一腳是義肢，與醫美父親性格大相逕庭。呈現青少年成長轉變及情感需求，兩人的情感發展也為劇情掀起高潮。

羅恆和是延：年齡相仿的可愛男童，兩人都要進行腦部手術，但命運發展截然不同。是延愛畫畫，他的畫作是病房所有人的情感連結，亦是電影精神重要象徵。羅恆是個性開朗又討喜的陽光男孩，病房的歡樂擔當，

用電影和孩子一起學會愛的能力

父親是道教官將首，媽媽是計程車駕駛，性別平等的角色設定讓人驚豔。

努拉和小杰：個性天真熱情，是病房裡年紀最小的女孩，父母是教會神職人員。因腫瘤長在臀部而無法穿內褲，深刻展現孩子可愛、堅強的一面。小杰是孤兒院孩子，缺少家人陪伴，半夜呼吸急促驟世，令人不捨。

源源媽媽：在動物園工作，是堅強的單親媽媽。與女兒的關係密切，片尾「如果妳真的很痛苦的話，就去神的身邊當個小天使。」看見母親無盡的慈愛。只要擁有足夠的愛，家庭就能幸福和樂，單親與否都不是阻礙。

溫暖與馬馬：溫暖是兒癌病房的主治醫師，曾是 816 的病童。原本像是不擅情感表達的冰山，後來更能顯露內在，是個願意付出溫暖的醫師。馬馬則是熱情的護理師，像是大家的媽媽、天使，每次進來病房彷彿帶來希望的陽光。兩人都讓觀眾深刻感受到醫護人員的辛勞。

蝴蝶：重要意義象徵和細節。鏡頭以俯角拍攝躺在醫院頂樓哭泣的溫暖醫師，像是透過上帝的視角看人間悲歡離合。隔天他看見蝴蝶飛過自己的臉，然後在醫院頂樓徘徊。我們終究會離開人間，但愛永恆不滅，仍會存在生活周遭，以另一種生命能量形式，守護留下來的人。另像是過世孩子對醫師的感恩與道別，寓意逝者已矣，蛻變成美麗蝴蝶迎向新生。

是延畫作：可愛筆觸畫出六位同房病童、溫暖醫師與馬馬，還有源源姊姊大猩猩，是他留給 816 病房的永遠回憶。真心相處的動人時刻，點滴付出終將成為雋永故事。許多影迷把這幅畫掛在家裡，做為對生命的鼓勵。

▶ 引導式提問

Q：片名「BIG」有什麼延伸意涵？穿插的動畫代表什麼意義？

A： 主治醫生曾經是816病房的癌童，因為這段緣分延伸出「BIG」多重意涵，除了英文字面巨大的、重要的意思，也可解釋成力量無限大、意志力堅強、內心強大等意思，並且延伸成勵志金句：「Being is gift.」（活著就是最好的禮物。）

為了書寫角色與病魔拚搏到底的心路過程，具體呈現抗癌戰役的壯烈犧牲，以及生命逝去的巨大衝擊，導演特別以動畫擬真不同的世界，帶給觀眾不同的觀影經驗。

Q：你喜歡片中哪些角色？為什麼？有什麼話想對他們說？

A： 可參考前面的向角色學習，藉此提問和孩子互動，從喜歡該角色的理由中可讀取出孩子生活經驗和真實內在感受，促進親師生的彼此理解。

Q：為何劇情設定源源是單親家庭的孩子？傳遞什麼訊息？你有什麼想法？

A： 隨著時代演變，單親家庭成為現代社會常見的家庭結構，強調家庭的重要性不在成員，而是情感關係。片中源源與母親、外公彼此關係緊密，同樣令人羨慕與感動。

Q：片中的爸媽有哪些溝通模式？和自己的家庭有什麼異同？

A： 這些夫妻各有不同個性及樣態。

用電影和孩子一起學會愛的能力

羅恆的父母是藍領階級，丈夫是身障人士、老婆開計程車，兩人互動有默契。珈農爸媽都是音樂人，父親個性體貼好相處，但母親初期則不易走進少女的內心世界。

努拉父母在教會學校擔任事工，個性熱心助人、活出基督精神。是延爸媽已離異，個性直率容易爭吵，之後有破鏡重圓的可能。大杉爸媽雖外表光鮮亮麗，但卻「相敬如冰」，老婆的內在需求後來才被理解。

Q：源源說大杉我喜歡你，是愛情！喜歡和愛有何不同？為什麼 816 的孩子會直接表白？如果是你會怎麼做？

A：兩者感受相似，卻代表不同情感和程度。「喜歡」較為表象，容易改變或消失；「愛」更是深層的關心、尊重，需要更多投入和承諾，若要長期穩定，需要雙方一同付出和努力。

孩子在病痛中更加認知生命無常及脆弱，所以努力把握機會活在當下，不讓生命徒留遺憾。因此在 816 一切都變得簡單而直接，也許告白過程可能被拒，但這就是活著最好的證明。

Q：大杉被源源稱為「渣男」，什麼是渣男？有什麼相呼應的生活經驗？

A：片中源源喜歡大杉，但他卻喜歡珈農，呈現三角式關係。

渣男是俚語詞彙，形容不誠實、不尊重、不負責任的男性。通常容易與他人搞曖昧、不願意承擔、說謊，只關心自己的需求和欲望，缺乏成熟解決問題的能力。大人可陪同孩子尋找社會新聞事件進行討論及省思。

Q：片中有哪些難以抉擇的「兩難情境」？你會如何決定？

A：手術有可能會失敗，但是不動手術眼睛可能會失明，那要不要動腦部手術？在外面有許多病毒，但是又想滿足孩童的期待，要不要在平安夜偷溜出去動物園看曼妞生產？腦部醫師要不要讓兒癌醫師待在手術室？

透過這些兩難情境，告訴觀眾人生沒有十全十美，也未必能兩全其美，只要經過深思熟慮，不管哪一個決定都沒有標準答案。

Q：片中有哪些情感流動的情節和對白？請分享自己的生活經驗。

A：在 816 病房裡，得見純真友情、情竇初開、夫妻溝通模式、親情至高無上的愛，以及醫護對病患的真心關懷。

源源媽媽說：「愛情讓人哭也讓人笑，雖然很辛苦，但是無論發生什麼事，媽媽永遠都會在一旁陪伴妳。」生命最重要的意義不是長短，而是經歷「愛和被愛」的過程。

羅恆進手術房時，右側是畫全臉的官將首爸爸閉眼唸誦，左側是努拉的牧師父母雙手合十禱告，不分宗教、神明，大家齊心守護孩子。

羅恆媽媽從車內看向店裡用餐的人，表情五味雜陳令人鼻酸。

一起在動物園看曼妞的女兒出生時，大家猶如一家人，彼此互相加油打氣，深深動容。

Q：許多人看電影會感動落淚，你有什麼反應？看電影會哭有什麼好處？

A：電影是強大的媒介，觸動人們的情感、引起共鳴，帶來情緒反應，包括哭泣。在落淚的過程中，可以釋放壓力和情緒、減輕內心負擔，感覺更

用電影和孩子一起學會愛的能力

輕鬆、舒暢。

而劇情產生的情感連結，也會讓我們進一步開始思考、帶來自我成長，甚至療癒創傷。如同片中源源母女所說的：「哭出來比較讓人放心。」

《BIG》
電影預告

延伸片單特搜
〈創愛〉篇

1.《再見機器人》Robot Dreams
入圍奧斯卡最佳動畫長片獎,以樸實畫面、沒有對白敘事寂寞單身狗與機器人的情誼,讓人淚眼婆娑。日本電影《怪物的孩子》同為精采的跨界情感。
西班牙 /2024 年 /102 分鐘 / 普遍級

2.《極限長征》 Arthur the King
一顆肉丸開啟流浪狗報恩的鐵人旅程,不可思議的熱血故事改編,和《為了與你相遇》、《我和喵喵的冒險旅行》同屬動物迷必看之作。
美國 /2024 年 /106 分鐘 / 普遍級

3.《我的意外爸爸》Like Father, Like Son
一通告知抱錯嬰兒的電話,開啟血緣與恩情的兩難情境。本片細膩描繪生育和養育的倫理關係,榮獲多項大獎,是日本導演是枝裕和的絕佳代表作。
日本 /2013 年 /121 分鐘 / 普遍級

4.《幸福湯屋》Her Love Boils Bathwater
罹患癌症的母親堅強完成多年心願,不平凡的一家人交織出驚奇的故事,與《海鷗食堂》、《我是千尋》、《河畔小日子》同為日系療癒型電影。
日本 /2017 年 /125 分鐘 / 普遍級

5.《你好,我是漢娜 2》First Day Season 2
身為跨性別者的漢娜擁抱自我認同後,在學校發起多元性別的社團,勇敢發聲為

平權開創出愛的不同樣貌，深受青少年喜愛及好評。

澳洲 /2022 年 / 兩季共 8 集 / 普遍級

6.《年少日記》Time Still Turns the Pages

老師在校園發現一封遺書，想起自己深受情勒的童年回憶，探究現今的自殺低齡化問題，結局更讓人深深迴盪，入圍金馬獎最佳影片等多項大獎。

香港 /2023 年 /95 分鐘 / 保護級

7.《捍衛戰士：獨行俠》Top Gun：Maverick

藉團隊合作打破人心藩籬，創造出同袍、生死及情人的多元情感。呈現男性面對心魔，找回生命熱情的心路歷程，是新冠疫情後的票房救世主。

美國 /2022 年 /130 分鐘 / 保護級

8.《雲端情人》Her

網路世界虛擬情人的浪漫奇想，作家和 AI 展開一段不尋常的愛情。獲得奧斯卡最佳原著劇本，《脫稿玩家》、《我是你的完美男友》皆為類似主題。

美國 /2014 年 /126 分鐘 / 輔 12 級

9.《不夠善良的我們》Imperfect Us

同天生日的情敵羨慕對方的人生，孰不知亮麗的表象隱藏著不為人知的傷痛。感情從明爭暗鬥到心疼和解，精采的演技和結局被譽為年度神劇。

台灣 /2024 年 / 共 8 集 / 保護級

10.《八尺門的辯護人》Port of Lies

原民公設辯護人、印尼看護及名門替代役男合力搶救死刑犯，議題觸及移工、律政、階級和官商勾結，辯證正義和真相，內容精采發人深省，開創台劇新視野。

台灣 /2023 年 / 目前一季共 8 集 / 保護級

112 部特搜片單索引

CH1、自愛

片名	出品國	出品年分	片長	影片分級
《魔法滿屋》Encanto	美國	2021	109 分鐘	普
《米家大戰機器人》The Mitchells vs. the Machines	美國	2021	109 分鐘	普
《美國女孩》American Girl	台灣	2021	101 分鐘	普
《電影版聲之形》A Silent Voice : The Movie	日本	2016	129 分鐘	普
《小王子公主心》Petite Fille	法國	2021	90 分鐘	普
《親愛的初戀》Love, Simon	美國	2018	110 分鐘	護
延伸片單特搜				
《怪物少女妮莫娜》Nimona	美國	2023	101 分鐘	護
《狼的孩子雨和雪》Wolf Children	日本	2012	117 分鐘	護
《兩萬種蜜蜂》20,000 Species of Bees	西班牙	2024	127 分鐘	護
《髮膠明星夢》Hairspray	美國	2007	117 分鐘	普
《Barbie 芭比》Barbie	美國	2023	114 分鐘	普
《幸福不設限》Three Generations	美國	2015	92 分鐘	護
《波希米亞狂想曲》Bohemian Rhapsody	美國	2018	135 分鐘	護
《令人討厭的松子的一生》Memories of Matsuko	日本	2006	130 分鐘	輔 12
《酷男的異想世界》Queer Eye	美國	2018	目前共 8 季	輔 12
《斷背山》Brokeback Mountain	美國	2005	134 分鐘	輔 12

用電影和孩子一起學會愛的能力

CH2、尋愛

片名	出品國	出品年分	片長	影片分級
《芭蕾奇緣》Ballerina	法國 加拿大	2017	90 分鐘	普
《初戀那件小事》 Crazy Little Thing Called Love	泰國	2011	124 分鐘	普
《愛上變身情人》 The Beauty Inside	南韓	2015	127 分鐘	護
《樂動心旋律》Coda	美國	2021	111 分鐘	輔 12
《藍色大門》Blue Gate Crossing	台灣	2002	82 分鐘	護
《那年，我們的夏天》 Our Beloved Summer	南韓	2021	共 16 集	輔 12
延伸片單特搜				
《元素方城市》Elemental	美國	2023	109 分鐘	普
《星空》Starry Starry Night	台灣	2011	99 分鐘	護
《小嫉妒》Ama Gloria	法國	2023	84 分鐘	普
《理性與感性》 Sense and Sensibility	英國	1995	136 分鐘	普
《愛在黎明破曉時》 Before Sunrise	美國	1995	101 分鐘	普
《七月與安生》Soul Mate	香港	2016	110 分鐘	普
《千年女優》Millennium Actress	日本	2001	87 分鐘	普
《女子漢的顛倒性世界》 Jacky in Women's Kingdom	法國	2014	87 分鐘	輔 12
《艾蜜莉的異想世界》Amelie	法國	2001	122 分鐘	輔 15
《單身動物園》The Lobster	希臘	2016	118 分鐘	輔 15

CH3、觀愛

片名	出品國	出品年分	片長	影片分級
《龍與雀斑公主》Belle	日本	2021	121 分鐘	普
《Tinder 大騙徒》The Tinder Swindler	英國	2022	114 分鐘	輔 12
《親愛的大衛》Dear David	印尼	2023	118 分鐘	輔 12
《名媛教育》An Education	英國	2009	101 分鐘	護
《愛的所有格》Posesif	印尼	2017	101 分鐘	輔 12
《愛的角力》Gatta Kusthi	印度	2022	143 分鐘	輔 12
延伸片單特搜				
《瓦力》Wall–E	美國	2008	103 分鐘	普
《電子情書》You've Got Mail	美國	1999	119 分鐘	護
《莎莉》Salli	台灣	2024	105 分鐘	護
《人肉搜索》Searching	美國	2018	102 分鐘	輔 12
《糖糖 Online》Candy Online	台灣	2019	共 13 集	輔 12
《迷藏》Hidden	台灣	2021	30 分鐘	輔 12
《該死的阿修羅》Goddamned Asura	台灣	2022	114 分鐘	輔 12
《別問我是誰》Who You Think I Am	法國	2019	101 分鐘	輔 12
《網紅教慾》Like & Share	印尼	2022	112 分鐘	輔 15
《小藍》Little Blue	台灣	2022	98 分鐘	輔 15

用電影和孩子一起學會愛的能力

CH4、望（忘）愛

片名	出品國	出品年分	片長	影片分級
《童心計畫》The House of Us	南韓	2019	92 分鐘	普
《瀑布》The Falls	台灣	2021	129 分鐘	普
《媽的多重宇宙》Everything Everywhere All at Once	美國	2022	139 分鐘	輔 12
《曼哈頓戀習曲》Begin Again	美國	2013	104 分鐘	護
《戀夏 500 日》500 Days of Summer	美國	2009	95 分鐘	護
《First Love 初戀》First Love	日本	2022	共 9 集	輔 12
延伸片單特搜				
《情書》Love Letter	日本	1995	117 分鐘	普
《王牌冤家》Eternal Sunshine of the Spotless Mind	美國	2004	108 分鐘	護
《花束般的戀愛》We Made a Beautiful Bouquet	日本	2021	123 分鐘	普
《年少時代》Boyhood	美國	2014	165 分鐘	護
《花樣年華》In the Mood for Love	香港	2000	98 分鐘	普
《分居風暴》A Separation	伊朗	2012	123 分鐘	護
《誰先愛上他的》Dear Ex	台灣	2018	100 分鐘	普
《後來的我們》Us and Them	中國	2018	119 分鐘	護
《婚姻故事》Marriage Story	美國	2019	136 分鐘	輔 12
《花神咖啡館》Cafe de Flore	加拿大	2011	120 分鐘	輔 15

CH5、錯愛

片名	出品國	出品年分	片長	影片分級
《青春養成記》Turning Red	美國	2022	100 分鐘	護
《你是好孩子》Being Good	日本	2015	120 分鐘	護
《嬰兒轉運站》Broker	南韓	2022	130 分鐘	護
《哈勇家》GAGA	台灣	2022	111 分鐘	普
《偶一為之》Never Rarely Sometimes Always	英國 美國	2020	107 分鐘	輔 15
《池畔風暴》Liquid Truth	巴西	2019	90 分鐘	輔 12
延伸片單特搜				
《隱藏的大明星》Secret Superstar	印度	2017	150 分鐘	普
《怪物》Monster	日本	2023	126 分鐘	普
《雙軌人生》Look Both Ways	美國	2022	111 分鐘	輔 12
《感謝上帝》By the Grace of God	法國 比利時	2019	118 分鐘	護
《希望：為愛重生》Hope	南韓	2014	123 分鐘	護
《人選之人——造浪者》Wave Makers	台灣	2023	共 8 集	輔 12
《D.P.：逃兵追緝令》D.P.	南韓	2021	共 12 集	輔 15
《可憐的東西》Poor Things	美國	2024	141 分鐘	輔 15
《童話・世界》Fantasy・World	台灣	2022	110 分鐘	輔 15
《孟買女帝》Gangubai Kathiawadi	印度	2022	154 分鐘	輔 15

CH6、珍（真）愛

片名	出品國	出品年分	片長	影片分級
《俗女養成記2》The Making of an Ordinary Woman 2	台灣	2021	兩季共20集	護
《月老》Till We Meet Again	台灣	2021	128分鐘	輔12
《想見你》Someday or One Day	台灣	2019	共13集	護
《線：愛在相逢時》Threads: Our Tapestry of Love	日本	2021	130分鐘	護
《樂來越愛你》La La Land	美國	2016	128分鐘	普
《真愛每一天》About Time	英國	2013	110分鐘	護
延伸片單特搜				
《甜蜜蜜》Comrades: Almost a Love Story	香港	1996	118分鐘	普
《愛是您，愛是我》Love Actually	英國	2003	135分鐘	護
《P.S. 我愛妳》P.S. I Love You	美國	2008	126分鐘	護
《真愛挑日子》One Day	美國	2011	107分鐘	輔12
《生命中的美好缺憾》The Fault in Our Stars	美國	2014	125分鐘	輔12
《沒有煙硝的愛情》Cold War	波蘭	2018	89分鐘	護
《真愛旅程》Revolutionary Road	美國	2009	118分鐘	護
《愛在三部曲》The Before Trilogy	美國	1995 2003 2013	101分鐘 80分鐘 108分鐘	普 護 輔12
《愛・慕》Amour	法國	2013	127分鐘	輔12
《藍白紅三部曲》Three Colors: Blue、White、Red	法國 波蘭 瑞士	1993 1994 1994	94分鐘 88分鐘 99分鐘	輔12

CH7、創愛

片名	出品國	出品年分	片長	影片分級
《我的大猩猩媽媽》The Ape Star	瑞典	2021	73 分鐘	普
《我的神祕狼朋友》Vicky and Her Mystery	法國	2021	84 分鐘	普
《梅艷芳》Anita	香港	2021	137 分鐘	普
《關於我和鬼變成家人的那件事》Marry My Dead Body	台灣	2022	129 分鐘	輔 12
《鈴芽之旅》Suzume	日本	2023	121 分鐘	普
《BIG》	台灣	2023	158 分鐘	普
延伸片單特搜				
《再見機器人》Robot Dreams	西班牙	2024	102 分鐘	普
《極限長征》 Arthur the King	美國	2024	106 分鐘	普
《我的意外爸爸》Like Father, Like Son	日本	2013	121 分鐘	普
《幸福湯屋》Her Love Boils Bathwater	日本	2017	125 分鐘	普
《你好，我是漢娜 2》First Day Season 2	澳洲	2022	兩季共 8 集	普
《年少日記》Time Still Turns the Pages	香港	2023	95 分鐘	護
《捍衛戰士：獨行俠》Top Gun：Maverick	美國	2022	130 分鐘	護
《雲端情人》Her	美國	2014	126 分鐘	輔 12
《不夠善良的我們》Imperfect Us	台灣	2024	共 8 集	護
《八尺門的辯護人》Port of Lies	台灣	2023	目前一季共 8 集	護

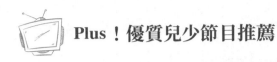

Plus！優質兒少節目推薦

搶救台灣國安危機
優質兒少節目推薦

「And the winner is……《Having Fun In the Mountains》（登山總動員）from TAIWAN.」現場掀起熱烈的掌聲和尖叫聲，這是享譽「兒少界艾美獎」的「德國慕尼黑國際兒少雙年展」（Prix Jeunesse International Munich）頒獎典禮，不僅台灣人欣喜若狂，就連各國影人也歡聲雷動！6年前，我第一次來慕尼黑，那時候的台灣節目屈指可數，經過6年後的耕耘，繁花盛開，多個節目入圍，甚至出現互相競爭的情形。可說是為台灣的國安危機顯露一道曙光……

▎從南韓扶植影視產業，反思台灣兒少節目危機

根據統計資料顯示，台灣的兒童及青少年人口數占總人口比率21%，但是兒少節目數量卻僅占比不到3%。更驚人的是，這3%中「台灣自製」的兒少節目居然不到10%，對比美、英超過五成的數量，我們甚至比中南

美洲國家都低，台灣在世界排名倒數第七名。但是，這為什麼是國安危機？

南韓政府數十年來，傾全國之力扶植科技及影視產業，文、理兩者皆不偏廢。更藉影視文創推廣傳統文化，進而將其他商品輸出國外，成功將「韓流」吹向全球，光是影集《魷魚遊戲》就創造逾 9 億美元的經濟效益。全世界的青少年無不變成「韓流」愛好者，就連英國影星休葛蘭也成為韓國女團「BLACKPINK」的狂粉，韓國文化強勢橫掃世界各國可見一斑。

反思我國的情況，日子久了，可能致使下一代與本土文化形成日益嚴重的傳承斷層，孩子容易變成失根的一代。無奈經過部分立委大聲疾呼後，台灣社會也未多加重視，這就是國安危機中的危機了！

▌產業推波助瀾，《登山總動員》首獲國際兒少雙年展冠軍肯定

所幸富邦文教基金會強力救援，舉辦兒少產業人才工作坊、momo mini 影視兒童節等，其中已執行五年的「兒童節目孵育計畫」，更是撞擊出強大的燦爛火花，屢屢在國際獲得大獎，讓世界看見台灣。

其中，《悄悄話》以旁觀者的角度，靜靜觀察並記錄台灣各地孩子的心情記事相當珍貴，是推動校園影視分享生命故事的動人教材。與客家電視台合製的《登山總動員》，讓孩子親身探索山林裡的冒險故事，不強調攻頂及設計腳本，隨著小朋友當下的心流，開出不同以往的花朵。和公視合作的《海洋日記》，則是帶孩子回到台灣四面的海洋，以優異的攝影和畫面分享海洋子女的英姿，是推動海洋教育的最佳示範。

以上三個節目攜手入圍 2024 年「德國慕尼黑國際兒少雙年展」決選，其中《登山總動員》更擊敗各國強敵，勇奪「7-10 歲非劇情類節目全球首獎」，這是台灣史上首次獲得首獎，證明我們的兒少節目內容已具國際水準及外銷能力！

睽違 30 年誕生專屬兒童影集，打造優質兒少節目新藍海

此外，富邦專為 6-10 歲兒童企製的流行音樂節目《虎姑婆和他的朋友》，則是創意十足的幼齡音樂節目，多位知名歌手跨刀演唱，還有陶晶瑩當主持人，每集的動畫更是吸睛焦點。《翔去打獵》則是內容細膩精采的紀錄短片，講述原民男孩阿翔上山打獵害怕的心路歷程，期待後續發展成「我變勇敢」系列作品。

睽違 30 年，台灣終於有專屬兒童的影集，由金獎製作人湯昇榮和富邦共同打造的《百味小廚神》，描述有趣又有台灣本土風俗色彩的故事，不僅是一道道美味的料理，更是一段深具教育意義的生命故事。去年暑假首播時，還創下全台華劇多平台及頻道的收視冠軍，證實優質兒少節目可以成為投資新藍海。

該劇導演李權洋有這成功經驗後，陸續執導的公視兒童情境喜劇《什麼都沒有雜貨店》同樣讓人興奮，期待台灣能產製更多的兒少劇集。

各家電視台推陳出新，台灣兒少節目披荊斬棘

在台灣公共廣播電視集團方面，這幾年也有新穎創意。在兒少節目先進林曉蓓大聲疾呼下，由 momo 親子台、公共電視台、原住民電視台與客家電視台等四台聯合製作的幼兒戶外紀實節目《WAWA 哇！》，透過低幼小小孩的視角，展現與鄉土共同生活的真摯面貌，不同語言的集數也得到國際肯定。

已有兩季的《小孩酷斯拉》，則是挖掘出孩子成長中酸甜苦辣不同樣貌，獲得親師生大力讚賞。還有《下課花路米》系列、《出發騎幻島》、《台灣特有種》、《神廚賽恩師》、《我家住海邊》、《青春發言人》、《換個爸媽過幾天》、《節氣 × 六感實驗室》等，都是公視兒少口碑出眾的優質節目，期待今年八月即將開台的專屬頻道「小公視」，孕育出更多耳目一新的兒少作品。

客家電視台對於優化兒少節目也是不遺餘力，經典的媒體識讀節目《小O 事件簿》歷久不衰，最新系列「蘇菲與她的戰爭」榮獲加拿大班芙電視節洛磯獎（Banff World Media Festival-Rockie Awards）「最佳青少年實景演出節目獎」，更創下全亞洲唯一獲獎的紀錄！《GO！蔬菜小隊！》則是寓教於樂的幼齡節目，連大人都看得不亦樂乎，深具國際實力，目前正在發展動畫版的蔬菜宇宙，讓人關注。《帶爸爸離家出走》則是新款的有趣故事，以實境秀方式記錄父子檔出任務的點滴。《音樂關鍵字》是首部音樂科普的 3D 動畫劇集，是非常特殊兒少節目題材。

用電影和孩子一起學會愛的能力

原民台的外景青少年節目《kakudan 時光機》，獲得多次金鐘獎，而《酷wawa》、《Tahu 生火吧》也是新的嘗試，獲得不少掌聲。至於原民動畫，則有常常獲獎的《樹人人冒險》，取材泰雅族故事融入生態保育等議題。清華大學主導的《吉娃斯愛科學》更是一路好評到第四季，成功把科普知識及原民智慧結合在一起，甚至都跑到外太空了呢！

大愛電視也在有限經費下，依舊堅持製作兒少節目，《Try 科學》、《青春愛讀書》都有動人之處，《一樣不一樣》則是獲得金鐘獎兒童節目主持人獎。好消息頻道的《神奇故事屋》，則是透過奇幻通道，讓孩子看到各式各樣的繪本，從小建立閱讀好習慣，近來還增加不同的體驗遊戲。

▎台灣兒少節目前景璀璨，需要你我齊心努力

在文化部的補助計畫下，希望吸引優秀影視人才投入兒少節目，《叫我野孩子》便是其中特別出色的傑作，奪得金鐘獎最佳兒童節目殊榮。

團隊以拍攝紀錄片的嚴謹態度及專業技法，讓孩童與教練在山林、田野盡情探險玩樂，摸索出自己和環境的內外在變化。讓更多親子願意放下3C 產品，親近大自然，體驗動手操作的快樂感受，第一季、第二季也玩出不同幸福滋味。

歷經過去五年來的勵精圖治，台灣已有許多讓人驚豔的兒少作品，在此希望大家在欣賞好電影的同時，也給本土優質兒少節目更多支持和鼓勵，因為搶救台灣國安危機，需要你和我！

學習與教育 252

用電影和孩子一起學會愛的能力
自我認同、情感復原、身體界線，學會愛人也保有自我

作者｜陳建榮
採訪撰述｜張子弘
責任編輯｜謝采芳、王淑儀
編輯協力｜陳珮雯、李春枝
文字校對｜魏秋綢
書封設計｜黃育蘋
書封插畫｜陳佳蕙
內頁設計｜連紫吟、曹任華
內頁排版｜賴姵伶
行銷企劃｜溫詩潔

天下雜誌群創辦人｜殷允芃
董事長兼執行長｜何琦瑜
媒體產品事業群
總經理｜游玉雪
副總經理｜林彥傑
總監｜李佩芬
行銷總監｜林育菁
版權主任｜何晨瑋、黃微真

出版者｜親子天下股份有限公司
地址｜台北市 104 建國北路一段 96 號 4 樓
電話｜(02)2509-2800　傳真｜(02)2509-2462
網址｜www.parenting.com.tw
讀者服務專線｜(02)2662-0332　週一～週五 09:00~17:30
讀者服務傳真｜(02)2662-6048
客服信箱｜parenting@cw.com.tw

法律顧問｜台英國際商務法律事務所 · 羅明通律師
製版印刷｜中原造像股份有限公司
總經銷｜大和圖書有限公司　電話｜(02)8990-2588

出版日期｜2024 年 7 月第一版第一次印行
　　　　　2024 年 10 月第一版第二次印行
定價｜480 元
書號｜BKEE0252P
ISBN｜978-626-305-988-7(平裝)

訂購服務
親子天下 Shopping｜shopping.parenting.com.tw
海外·大量訂購｜parenting@cw.com.tw
書香花園｜台北市建國北路二段 6 巷 11 號　電話｜(02)2506-1635
劃撥帳號｜50331356 親子天下股份有限公司

國家圖書館出版品預行編目 (CIP) 資料
用電影和孩子一起學會愛的能力：自我認同、
情感復原、身體界線，學會愛人也保有自我 / 陳
建榮著. -- 第一版. -- 台北市：親子天下股份
有限公司, 2024.07
320 面；　17X23 公分. -- (學習與教育；252)
ISBN 978-626-305-988-7(平裝)
1.CST: 情意教育 2.CST: 電影片

521.18　　　　　　　　　　　　113007731

立即購買 >

用電影
和孩子一起
學會愛的能力

學習單手冊

陳建榮 ⋯⋯⋯ 著

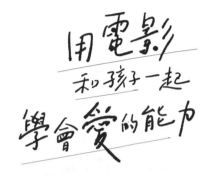

學習單手冊

陳建榮 ⋯⋯⋯ 著

本書為《用電影和孩子一起學會愛的能力》的附件手冊。由作者陳建榮老師精心設計 24 張學習單，打破以往的設計模式，著重反思和體驗，結合電影及心理學，做為觀影後的延伸思考。

《用電影和孩子一起學會愛的能力》分七章，學習單亦對應七大主題安排，適用書中精選的 112 部好片，建議書與手冊搭配使用，期望讓大人跟孩子展開愛的深入學習！

加入翻轉教育會員
免費下載手冊電子檔

用電影和孩子一起學會愛的能力：自我認同、情感復原、身體界線，學會愛人也保有自我（學習單手冊）
作者｜陳建榮
出版者｜親子天下股份有限公司
ISBN｜978-626-305-988-7

目錄

★各章片單請見《用電影和孩子一起學會愛的能力》

自愛

選擇電影片名

超能力充電站

請選擇這部電影的角色，思考他的個性或興趣等，讓他有什麼超能力（優點）？

之後再詢問同學或家人的想法，發現自己也有哪些 Super Power？

電影角色	同學或家人眼中的我

★我發現自己有什麼超能力：

★我想鼓勵自己的話：

———年———班／座號：——— 姓名：———————

做自己好自在

有沒有接受真實的自己是我們一輩子的功課，以下是影響「自我認同」的眾多因素，一起和電影中的角色開啟肯定自己的旅程吧！

Hi!

角色			我自己
年紀			
國別			
種族			
外型			
家庭			
個性			
興趣			
性向			
宗教			
挫折阻礙			
正向鼓勵的話			

自愛
選擇電影片名

自我認同七部曲

美國心理學家艾瑞克森認為人要有「自我認同」之前，要先處理以下的七大發展危機。
請和同學一起討論出電影角色的七大發展危機，再進一步思考我們自己喔！

電影角色	同學或家人眼中的我

時間規劃

自我確認

角色探索

職業嘗試

性別認同

領導分際

價值判斷

P.S I LIKE U

這部電影的尋愛情節讓人好有感，我們從「喜歡」的
英文 LIKE 分成四大面向，一起來思考大家和自己會
喜歡什麼樣的人呢？

Looking 外表樣貌

Interest 興趣喜好

Kindness 良善性格

Enthusiasm 熱誠特質

畫出心儀對象的內外在模樣：

想對喜歡的那個人說：

———年———班／座號：——— 姓名：————————

告白氣球

喜歡在心裡口難開？「告白」是一門藝術！
讓我們從電影中的角色和情節得到靈感，無論結果如
何，都是生命中的成長點滴喔！

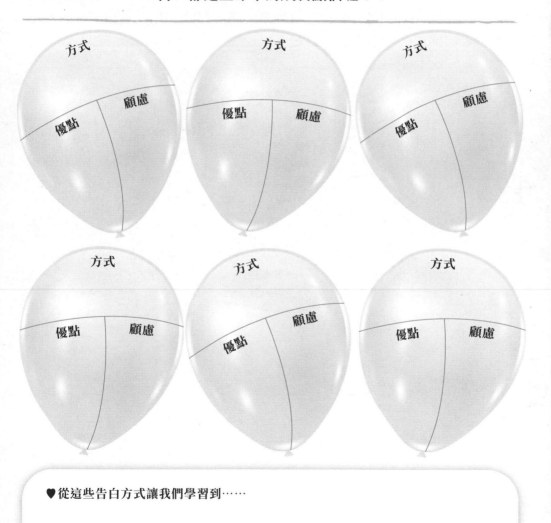

方式　優點　顧慮

方式　優點　顧慮

方式　優點　顧慮

方式　優點　顧慮

方式　優點　顧慮

方式　優點　顧慮

♥從這些告白方式讓我們學習到……

觀愛
選擇電影片名

網路交友停看聽

現在常見的網路交友管道：社群網站、線上遊戲、交友軟體、聊天室、影音分享等，不但能認識世界各地的朋友，也創造不為人知的神祕感。但是網海茫茫，網路交友隱藏許多陷阱，我們一起完成以下注意事項的詳細內容吧！

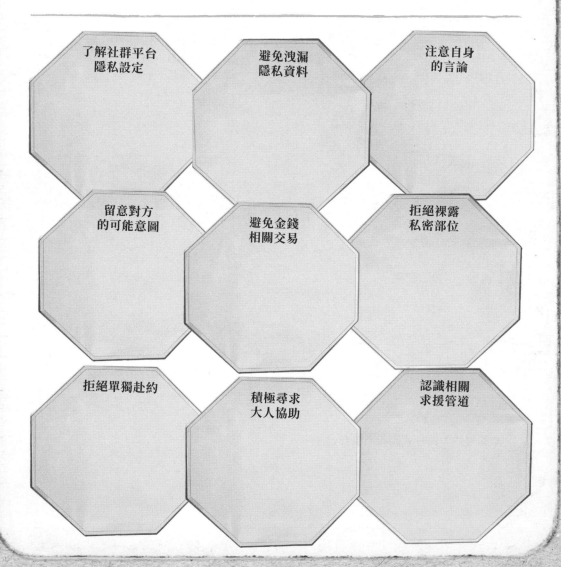

了解社群平台
隱私設定

避免洩漏
隱私資料

注意自身
的言論

留意對方
的可能意圖

避免金錢
相關交易

拒絕裸露
私密部位

拒絕單獨赴約

積極尋求
大人協助

認識相關
求援管道

觀愛三角論

耶魯大學心理學教授史坦伯格提出「愛情三角論」解釋感情的關係，一段完美的愛情需要同時有：親密、激情、承諾。對應的是喜歡、迷戀、空洞，三角之間的平衡程度則為：浪漫、友伴、愚笨。請從電影中的情節和親友的故事解構他們的情感關係喔！

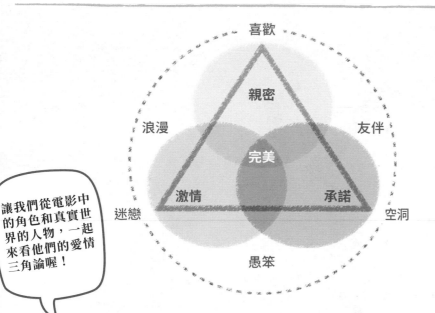

讓我們從電影中的角色和真實世界的人物，一起來看他們的愛情三角論喔！

	電影角色 1	電影角色 2	真實人物 1	真實人物 2
情感關係				
事件說明				
解析反思				

_____ 年 _____ 班／座號：_____ 姓名：_____

危險情人偵探社

危險情人的恐怖行徑時有所聞，現在讓我們從電影的角色行為、社會新聞報導、網路資訊搜尋，和同學整理出危險情人的特徵模式，將答案寫在放大鏡中，再一起討論檢視喔！

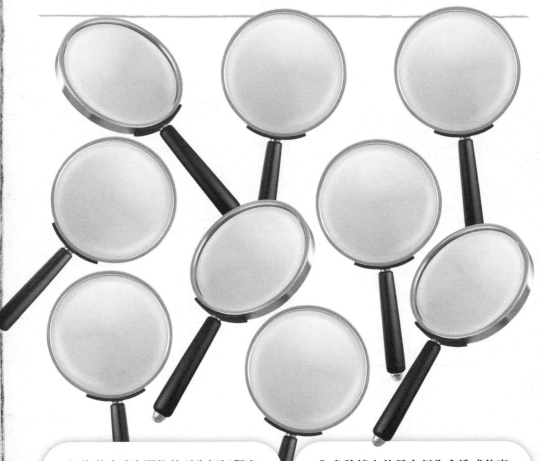

● 為什麼確定關係前要先好好觀察對方？

● 危險情人的暴力行為會造成什麼影響？

望愛
（忘）
選擇電影片名

＿＿年＿＿班／座號：＿＿＿　姓名：＿＿＿＿＿＿＿＿

失戀 K 歌排行榜

根據實驗結果「唱歌」是有益身心健康的喔！
同學或家人喜歡哪些療癒失戀的歌曲呢？
大家一起討論，投票出心目中的前三名吧！

名次	票數	歌名（詞曲／演唱）	重要歌詞	個人感受
1				
2				
3				
遺珠之憾				
個人最愛				
大人失戀K歌歌單			唱歌有益身心原因	
唱歌開心經驗				

_____年_____班／座號：_____ 姓名：_____

療傷調色盤

當人在失戀低潮怎麼辦？療傷有哪些好方法？如何才能讓心情平靜？

一起觀察電影情節和訪問親朋好友，調配出讓人療癒的心情顏色吧！

請將方法寫在調色盤的框框中喔！

療傷方式小插圖

★我喜歡的療傷方式：

★為什麼運動對療傷有幫助？

———年———班／座號：——— 姓名：——————————

悲傷五階段

美國心理學家庫伯勒—羅斯提出「悲傷五階段」，這些階段不見得會依次序進行，而且可能會循環重複。其實有這些情緒是很正常的事，認識五階段可讓我們更加容易度過憂傷，往下一階段前進！現在讓我們從電影的角色和真實生活相互對照吧！

電影角色		同學或家人眼中的我
	否認與孤立	
	憤怒	
	討價還價	
	沮喪	
	接受	

● 為什麼要給悲傷多一點時間？

● 我喜歡的療傷金句：

青春期養成記

我們從電影裡看到男女生在青春期開始有不同的身心變化，以下是青春期的六大成長面向，請和同學以「心智圖」寫出更多的細節吧！

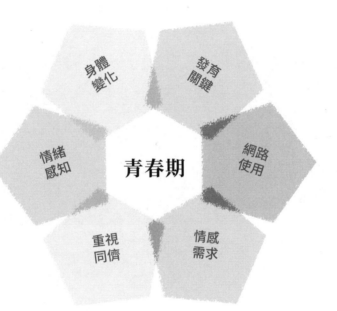

★青春期的我想如何被對待

錯愛
選擇電影片名

————年————班／座號：————姓名：————————

這種愛不是愛

你我在成長的道路會遇到形形色色的人，有的人會用包裝過的話術，掩蓋傷害我們的事實，其實那根本不是愛！請在這四大「錯愛」的空白處，寫出更多的想法、意見及經驗。

讓我們一起學會如何保護自己，為自己發聲！

暴力
傷害

情感
忽視

情緒
勒索

身體
界線

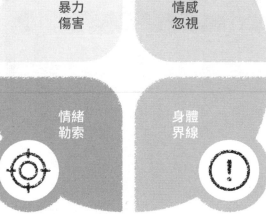

● 從這部電影看見的「錯愛」：

● 想跟曾經受傷的人說：

_____年_____班／座號：_____ 姓名：_____

小爸媽的天空

養兒育女是人生非常重大的事情，如果還在念書或太年輕就懷孕、生小孩，對我們的人生會有什麼影響呢？請繪製完整的「魚骨圖」想像有小孩的情形。

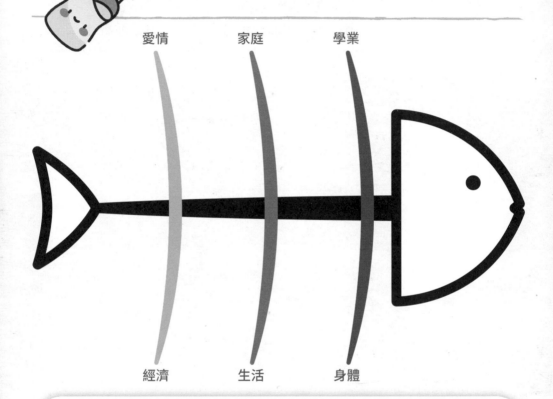

愛情　　家庭　　學業

經濟　　生活　　身體

★小爸媽的天空會是晴是雨？一起和同學、親朋好友聊聊吧！

錯愛

選擇電影片名

性平真相追追追！

🔍 **你覺得目前社會上性騷擾、性侵害的問題嚴重嗎？**
☐不常見　☐偶爾聽過　☐時常發生

🔍 **誰最可能伸出性侵害的魔掌？（可複選）**
☐家人　☐朋友　☐親戚　　☐鄰居
☐朋友的朋友　　☐男女朋友　☐陌生人　☐其他：_____

🔍 **你認為誰最有可能成為受害者？（可複選）**
☐沒有防衛能力　☐常一個人在家　☐家庭成員過於複雜
☐朋友圈不單純　☐其他：_____

🔍 **為什麼加害人會對被害人採取性侵害？（可複選）**
☐內心寂寞空虛　☐一時衝動　　☐不懂得尊重別人
☐加害人可能童年有類似的遭遇　☐其他：_____

🔍 **你知道哪些機關或機構可以幫助遭到性侵的受害者？**

單位名稱	單位故事	服務項目
勵馨基金會		

🔍 **社會發生的性侵害案例中，為什麼身邊親近的人常常成為恐怖的施暴者？**

🔍 **我們能夠如何幫助受害者走出陰影？**

🔍 **請你在旁邊的兩個身體中，圈起來或塗顏色，你覺得男生和女生「不可以」被別人隨便觸碰的部位。**

錯愛
選擇電影片名

性侵迷思大測驗

近年來社會上發生的性侵事件層出不窮，學習「找回身體界線，維護身體自主權」刻不容緩。現在我們一起完成迷思測驗，檢視自己的性平意識！

○／×	「性侵迷思」測驗題目及解析
	1. 只有強暴才算性侵害嗎？
	解析：
	2. 只有年輕貌美、身材好的女性，才會引起歹徒邪念發生性侵害？
	解析：
	3. 被害人穿著清涼暴露，才會遭遇性侵害，自己也要負點責任？
	解析：
	4. 在網路上認識網友只要沒有見面，就不用小心對方的言行？
	解析：
	5. 女生才會遇到性侵害，所以男生不必擔心也不用學習自我保護？
	解析：
	6. 教育程度較低，看起來怪怪的人才會成為性侵加害人？
	解析：
	7. 當兩人已經是情侶、夫妻，發生的性關係中，都不可能會是性侵害？
	解析：
	8. 性侵害的發生者都是陌生人，不可能是認識的師長、教練、親戚、家人、朋友？
	解析：
	9.（自訂）
	解析：

測驗題目參考：現代婦女基金會

從「性侵迷思」答案和解析，讓我學習到……

錯愛

選擇電影片名

新聞大 讀 家

「ME TOO 事件」讓全世界更加重視性別平等教育，社會上關於性騷擾、性侵害等案例時有所聞，讓我們從性平新聞一起看新聞、讀新聞、思新聞！

新聞標題	事件簡述	結果／反思
1.		
2.		
3.		
4.		

從這些性平新聞讓我們學習到如何維護身體自主權？

_____年_____班／座號：_____ 姓名：_____

粉紅泡泡羅曼史

哇！這部電影也太浪漫了吧！哇！這兩個人也太放閃
了吧！讓人羨慕的珍（真）愛戀人會做什麼事情？有
什麼相處模式？有什麼樣的羅曼史？
請想一想，寫在泡泡中喔！

從這些浪漫的羅曼史，讓我知道「擁抱珍（真）愛」的祕訣……

———— 年 ———— 班／座號：———— 姓名：————————

愛的藝術必修課

心理學大師佛洛姆的著作《愛的藝術》中提出愛需要學習、磨合及鍛鍊，是一種生活實踐能力，愛有四大必修課：照顧、責任、尊重、了解。讓我們一起從電影情節和親友相處，解析他們感情的珍愛藝術吧！

Care

Responsibility

照顧　責任

The Art of Loving

尊重　了解

Respect

Knowledge

我的觀察和收穫：

珍愛
（真）
選擇電影片名

———年———班／座號：——— 姓名：————————

珍愛旅程全紀錄

兩人彼此珍愛之後才會變成真愛！
請化身為小記者從電影和生活中，找到觀察或訪談對象，記錄他們珍愛旅程的酸甜苦辣！

在數字旁的空白處，簡述重要事件。

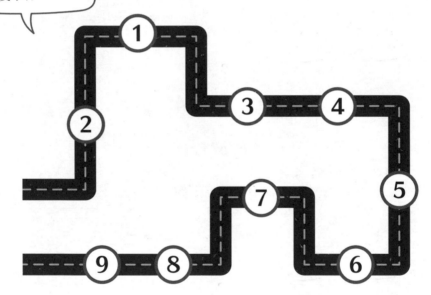

小記者的觀察和反饋：

創愛

選擇電影片名

創愛幸福五元素

正向心理學之父馬汀提出「幸福五元素」。請從電影或生活中的故事，分享他們感受到幸福人生的原因！

人物故事說明

人物故事說明

1 正向情緒

2 全心投入

幸福五元素
PERMA

5 成就感

3 正向人際

人物故事說明

人物故事說明

4 人生意義

人物故事說明

創愛

選擇電影片名

———年———班／座號：———姓名：———

真情咖啡館

這部電影有許多讓人感動的情節，讓我們一起來發現
角色之間的情感流動！

喜歡電影中哪些角色？
為什麼？

電影中有哪些讓人溫
暖的對白？

角色面對事情有什麼行
為模式？

從電影的人事物，
讓我學習到……

從中發現如何創造正
向的情感關係？

電影角色之間有哪些
良好的互動？

分享自己的日常生活中，與人情感增溫的方法、經驗或故事。

關於我
和鬼變成家人的
那件事

_____年_____班／座號：_____ 姓名：_____

鬼家人教我的事

鬼家人以混搭喜劇、親情、恐怖等類型的創新方式，
創下年度電影票房第一名，裡面有讓人感動和爆笑的
情節，我們一起來開啟更深層的思考吧！

喜歡電影中哪些角色？
為什麼？

男警明翰一開始恐同，
後來如何改變自己的態
度和觀念？

毛毛對愛情是什麼心態？
有什麼盲點？後來如何面
對？

鬼家人體現「創愛」的精
神和感動，教我們什麼事
情？

畫出電影中的一幕

子晴在電影中的功能？
女生只能當花瓶？你對她
有什麼評價？

電影有些哪些印象深刻的
情節和發人深省的金句？

哪些角色對性別有多元或
理解的態度？讓人有什麼
感動？

電影中的哪些對話或情節
反映出生活中常見的歧視
或偏見？

創愛

BIG

———— 年 ———— 班／座號：———— 姓名：————————

816 家庭傳愛卡

電影《BIG》中每個家庭都有不同的互動模式，我們一起來解析愛的祕密！

努拉家

成員	特色
溝通方式	家庭圖案
感想回饋	

源源家

成員	特色
溝通方式	家庭圖案
感想回饋	

珈農家

成員	特色
溝通方式	家庭圖案
感想回饋	

大杉家

成員	特色
溝通方式	家庭圖案
感想回饋	

羅恆家

成員	特色
溝通方式	家庭圖案
感想回饋	

是延家

成員	特色
溝通方式	家庭圖案
感想回饋	

從電影情節和自己家庭故事，我的感想和收穫：